psicologia da educação

P974　　Psicologia da educação / [Carles Monereo ... et al.] ; consultoria editorial: Beatriz Vargas Dorneles. – Porto Alegre : Penso, 2016.
x, 182 p. il. ; 25 cm.

ISBN 978-85-8429-084-0

1. Psicologia da educação. 2. Psicologia educacional.

CDU 37.015.3

Catalogação na publicação: Poliana Sanchez de Araujo – CRB 10/2094

psicologia da educação

Consultoria editorial
BEATRIZ VARGAS DORNELES

2016

© Penso Editora Ltda., 2016

Gerente editorial: *Letícia Bispo de Lima*

Colaboraram nesta edição:

Coordenadora editorial: *Verônica de Abreu Amaral*

Processamento pedagógico: *Juliana Lopes Bernardino*

Leitura final: *Lívia Allgayer Freitag*

Capa e projeto gráfico: *Tatiana Sperhacke*

Imagens da capa: *ookawa/iStock/Thinkstock*

Editoração: *Kaéle Finalizando Ideias*

Reservados todos os direitos de publicação à
PENSO EDITORA LTDA., uma empresa do GRUPO A EDUCAÇÃO S.A.
Av. Jerônimo de Ornelas, 670 – Santana
90040-340 – Porto Alegre, RS
Fone: (51) 3027-7000 Fax: (51) 3027-7070

SÃO PAULO
Av. Embaixador Macedo Soares, 10.735 – Pavilhão 5
Cond. Espace Center – Vila Anastácio
05095-035 São Paulo SP
Fone: (11) 3665-1100 Fax: (11) 3667-1333

SAC 0800 703-3444 – www.grupoa.com.br

É proibida a duplicação ou reprodução deste volume, no todo ou em parte,
sob quaisquer formas ou por quaisquer meios (eletrônico, mecânico, gravação,
fotocópia, distribuição na Web e outros), sem permissão expressa da Editora.

IMPRESSO NO BRASIL
PRINTED IN BRAZIL
Impresso sob demanda na Meta Brasil a pedido de Grupo A Educação.

Autores

▶ **CARLES MONEREO**

Universidade Autônoma de Barcelona.

▶ **CÉSAR COLL SALVADOR**

Universidade de Barcelona.

▶ **JOHN HERON**

Diretor do South Pacific Centre for Human Inquiry.

▶ **JOSÉ ANTONIO CASTORINA**

Faculdade de Filosofia, Letras e Psicologia da Universidade de Buenos Aires.

▶ **KATIA STOCCO SMOLE**

Doutora em Educação - Área de Ciências e Matemática - pela Faculdade de Educação da Universidade de São Paulo. Coordenadora do Mathema.

▶ **RICARDO J. BAQUERO**

Faculdade de Psicologia Genética e Educação da Universidade de Buenos Aires.

▶ **URIE BRONFENBRENNER**

Criador da paradigmática teoria bioecológica do desenvolvimento humano.

Apresentação

Esta obra reúne as principais abordagens e destacados autores da Psicologia da Educação, analisando as teorias mais significativas que constituem essa área do conhecimento. Para tal, foram escolhidos textos fundamentais que apresentam os autores e suas ideias de forma acessível e clara, inserindo-os no debate contemporâneo.

O primeiro capítulo, um texto fundamental de César Coll e Carles Monereo, apresenta as mudanças sociais que estão se acelerando no século XXI e salienta o aparecimento de uma Psicologia da Educação que se adapta aos novos cenários, ferramentas e finalidades deste século, os quais exigem uma forma contemporânea de compreender os processos ligados à aprendizagem humana. Já o Capítulo 2 traz o modelo bioecológico do desenvolvimento humano, de Bronfenbrenner, que nos incita a pensar a Psicologia da Educação como área fortemente influenciada por fatores culturais e sociais.

Com o objetivo de discutir dois grandes autores do século XX que continuam tendo importância fundamental na área, Vygotsky e Piaget, o Capítulo 3, escrito por José Castorina e Ricardo Baquero, aborda as teorias de ambos, comparando-as quanto a seus pressupostos e desdobramentos, destacando um de seus eixos centrais: a dialética. O Capítulo 4, escrito por John Heron, traz uma teoria contemporânea que integra aprendizagem e desenvolvimento emocional em uma perspectiva nova e desafiadora que propõe diferentes ciclos e tipos de aprendizagem. Já o Capítulo 5, escrito por Katia Smole, apresenta uma evolução histórica dos estudos sobre inteligência e introduz a teoria das Inteligências Múltiplas, desenvolvida por Howard Gardner, destacando a diversidade de inteligências que a compõe e as contribuições que essa teoria tem trazido para a aprendizagem e para a escola. Assim, compusemos um conjunto de textos que vão além da apresentação dos autores e das teorias, inserindo-os no debate contemporâneo, discutindo seus pressupostos, argumentos e limitações, e deixando ao leitor a tarefa de realizar sua análise e síntese pessoais.

Beatriz Vargas Dorneles
Professora Titular do Programa de Pós-graduação em Educação da UFRGS

capítulo 1 — Educação e aprendizagem no século XXI: novas ferramentas, novos cenários, novas finalidades 1

TECNOLOGIA, SOCIEDADE E EDUCAÇÃO: UMA ENCRUZILHADA DE INFLUÊNCIAS 2
- As forças da mudança 2
- A evolução das tecnologias da informação e da comunicação e das modalidades educacionais associadas 5
- O contexto da mudança: algumas características da sociedade da informação que são relevantes para a educação 12

A INFLUÊNCIA DA INTERNET: NOVAS FERRAMENTAS, CENÁRIOS E FINALIDADES EDUCACIONAIS 16
- Novas ferramentas 17
- Novos cenários 25
- Novas finalidades 28

LINHAS EMERGENTES E SEUS DESAFIOS 32
- Ferramentas previsíveis: da *web* 1.0 à *web* 3.0 33
- Cenários educacionais prováveis: educação sem paredes 37
- Finalidades potenciais: entre o neoliberalismo e os movimentos sociais 40

capítulo 2 — A teoria bioecológica do desenvolvimento humano 51

INTRODUÇÃO 52
DEFINIÇÕES DAS PROPRIEDADES DO MODELO BIOECOLÓGICO 52
- Proposição I 53
- Proposição II 55
- Proposição III 56
- Proposição IV 60
- Proposição V 60
- Proposição VI 60

O MODELO BIOECOLÓGICO NO MODO DE DESCOBERTA: PERSPECTIVAS FUTURAS 65
- Proposição VII 65
- Proposição VIII 66
- Proposição IX 66

capítulo 3 **Piaget e Vygotsky: uma comparação crítica** 69
INTRODUÇÃO 70
A HISTÓRIA DAS IDEIAS E O ENFOQUE METODOLÓGICO NAS CIÊNCIAS 71
CONTINUIDADE E DESCONTINUIDADE NA HISTÓRIA DAS IDEIAS 75
AS CONTRADIÇÕES E AS OPOSIÇÕES 77
A DIALÉTICA NA EXPLICAÇÃO GENÉTICA DA INSPIRAÇÃO PIAGETIANA 80
DIALÉTICA E EXPLICAÇÃO PSICOLÓGICA EM VYGOTSKY 90
CONSIDERAÇÕES FINAIS 96

capítulo 4 **Ciclos de vida e ciclos de aprendizagem** 99
INTRODUÇÃO 100
O PROCESSO CÍCLICO 101
O CICLO DE VIDA BÁSICO DO EGO 102
O CICLO BÁSICO DE APRENDIZAGEM DO EGO 104
EGOS PERTURBADOS 106
▶ Papéis compulsivos do ego perturbado 107
O CICLO REVERSO DE APRENDIZAGEM DO EGO 110
O CICLO DE VIDA BÁSICO DA PESSOA 115
O CICLO BÁSICO DE APRENDIZAGEM DA PESSOA 118
O CICLO REVERSO COOPERATIVO DE APRENDIZAGEM DA PESSOA 119
AUTONOMIA E HOLISMO 121
TIPOS DE APRENDIZAGEM 123

capítulo 5 **A inteligência como um espectro de competências** 127
A VISÃO PSICOMÉTRICA DA INTELIGÊNCIA 128
▶ O fator geral g de inteligência e a análise fatorial 134
NOVOS PARADIGMAS PARA A CONCEPÇÃO DE INTELIGÊNCIA 136
GARDNER E A TEORIA DAS INTELIGÊNCIAS MÚLTIPLAS 139
▶ Uma análise do espectro 146
▶ Eixos e parcerias: ampliando o espectro 151
UMA COMPETÊNCIA CANDIDATA AO ESPECTRO: A INSERÇÃO DO DESENHO ...153
▶ Os oito sinais de uma inteligência 154
▶ O cérebro e o desenho 158
▶ Os pintores: a competência pictórica e suas funções centrais 160
▶ O desenvolvimento do grafismo 162
▶ O desenho na história da humanidade 168
▶ A relação da competência pictórica com outras componentes do espectro . 170
AS IMPLICAÇÕES EDUCACIONAIS DO MODELO DE GARDNER 174

Índice 181

Educação e aprendizagem no século XXI

Novas ferramentas, novos cenários, novas finalidades

CÉSAR COLL E CARLES MONEREO

habilidades e competências

>> Discutir o impacto das tecnologias da informação e da comunicação (TICs) e das novas ferramentas tecnológicas na aprendizagem.

neste capítulo você estudará:

>> O surgimento e o desenvolvimento das TICs, e as consequentes mudanças no cenário social.

>> A transformação na forma de pensar a educação a partir das possibilidades oferecidas pelas TICs.

TECNOLOGIA, SOCIEDADE E EDUCAÇÃO: UMA ENCRUZILHADA DE INFLUÊNCIAS

AS FORÇAS DA MUDANÇA

Tentar entender e valorizar o impacto educacional das tecnologias da informação e da comunicação (TICs) considerando apenas sua influência sobre as variáveis psicológicas do aprendiz que opera com um computador e que se relaciona, por seu intermédio, com os conteúdos e tarefas de aprendizagem, com seus colegas ou com seu professor seria, do nosso ponto de vista, uma abordagem tendenciosa e míope da questão. O impacto das TICs na educação é, na verdade, um aspecto particular de um fenômeno muito mais amplo, relacionado com o papel dessas tecnologias na sociedade atual.

Como já assinalaram, em 1994, os autores de um relatório encomendado pela Comunidade Europeia,[1] estamos assistindo, já há algumas décadas, ao surgimento de uma nova forma de organização econômica, social, política e cultural, identificada como sociedade da informação (SI), que comporta novas maneiras de trabalhar, de comunicar-se, de relacionar-se, de aprender, de pensar e, em suma, de viver. O fato significativo é que essa nova sociedade se sustenta, em grande medida, no desenvolvimento espetacular das TICs durante a segunda metade do século XX. Como consequência desse desenvolvimento, estaríamos, nas palavras de Castells (2000, p. 60), diante de um "novo paradigma tecnológico, organizado em torno das tecnologias da informação" e associado a profundas transformações sociais, econômicas e culturais.

O fenômeno da internet e seu impacto na vida das pessoas seriam, nesse sentido, apenas uma manifestação a mais (e com toda certeza não a última) do novo paradigma tecnológico e das transformações socioeconômicas e socioculturais a ele associadas. Com efeito, a internet não é apenas uma ferramenta de comunicação e de busca, de processamento e de transmissão de informações, que oferece alguns serviços extraordinários; ela constitui, além disso, um novo e complexo espaço global para a ação social e, por extensão, para o aprendizado e para a ação educacional (CASTELLS, 2001).

---

1 Estamos falando do relatório elaborado por uma força-tarefa de especialistas e presidida por Martin Bangemann – que, na época, era comissário europeu da indústria – sobre as medidas a serem adotadas pela Comunidade Europeia e os Estados-membros para "o estabelecimento de infraestruturas no âmbito da informação". O relatório, publicado em maio de 1994 sob o título Europa e a sociedade global da informação: recomendações ao Conselho Europeu, constitui, no critério de muitos especialistas, o ponto de partida das políticas dirigidas a impulsionar e promover a sociedade da informação na Europa.

Nesse contexto, foram configurando-se progressivamente "novas formas sociais por meio das quais as pessoas não estão obrigadas a viver, encontrar-se ou trabalhar face a face para produzir mercadorias, oferecer serviços ou manter relações sociais significativas" (SHAYO et al., 2007, p. 187). Os fatores que contribuíram para a expansão e o rápido crescimento dessas novas "sociedades virtuais" (corporações virtuais, bibliotecas virtuais, aulas virtuais, etc.) e as práticas a elas relacionadas (comércio eletrônico, *telemarketing*, teletrabalho – ou trabalho remoto –, tele-educação – ou ensino a distância –, telemedicina, trabalho cooperativo apoiado por computador, teledemocracia, etc.) são de natureza muito diversa. Shayo et al. (2007) identificam quatro grandes forças impulsoras (Figura 1.1):

- o desenvolvimento de economias globais;

- as políticas nacionais de apoio à internet;

- a crescente alfabetização digital da população; e

- o melhoramento gradual das infraestruturas tecnológicas.

A inevitável liberalização da economia propiciou a realocação de empresas, a queda das taxas de importação, a abertura dos investimentos supranacionais e a privatização de empresas estatais; em resumo, permitiu que o mundo pudesse ser considera-

FIGURA 1.1 ▶ Forças impulsoras do desenvolvimento de "novas formas sociais" de natureza virtual.
Fonte: Adaptada de Shayo et al. (2007, p. 188).

do um grande mercado. As TICs, em sua dupla condição de causa e efeito, têm sido determinantes nessa transformação.

> **importante** »
>
> A facilidade para comunicar-se e trocar informações, junto com a enorme redução de custos que isso traz consigo, vêm levando alguns países a passar diretamente de uma economia centrada na agricultura para outra baseada nas TICs.

Como consequência da mudança para economias baseadas nas TICs, tanto grandes empresas e corporações quanto numerosos Estados Nacionais, principalmente entre os países desenvolvidos, aumentaram substancialmente seus investimentos em TICs para melhorar as infraestruturas e redes de comunicação e propiciar o acesso à internet de seus cidadãos, pensando principalmente nos desafios relacionados a:

- comércio (*e-business*);
- trabalho (*e-work*);
- governabilidade (*e-governance*); e
- educação a distância (*e-learning*).

As outras duas forças apontadas por Shayo et al., relacionadas com a alfabetização digital da população e o melhoramento das infraestruturas tecnológicas, também possuem um efeito multiplicador. Por um lado, a convergência digital, que permite incluir, no mesmo documento, texto escrito, sons e imagens estáticas e em movimento, juntamente com a pressão do mercado, que exige mais rapidez e segurança na transmissão de dados, aceleram o contínuo surgimento de novos aplicativos que melhorem as comunicações. Por outro lado, cresce o número de usuários que diariamente têm acesso à internet, e, consequentemente, as necessidades de alfabetização digital aumentam.

Alguns estudos sociológicos mostram, além disso, que as mudanças nos valores e no estilo de vida dos cidadãos, cada vez mais interessados em melhorar sua qualidade de vida – e, portanto, em flexibilizar seus horários de trabalho e aumentar o tempo dedicado ao lazer ou a outras atividades –, são também fatores que estão dando impulso ao desenvolvimento desse novo cenário social.

A EVOLUÇÃO DAS TECNOLOGIAS DA INFORMAÇÃO E DA COMUNICAÇÃO E DAS MODALIDADES EDUCACIONAIS ASSOCIADAS

Entre todas as tecnologias criadas pelos seres humanos, aquelas relacionadas com a capacidade de representar e transmitir informação – ou seja, as TICs – revestem-se de uma especial importância, porque afetam praticamente todos os âmbitos de atividade das pessoas, desde as formas e práticas de organização social até o modo de compreender o mundo, de organizar essa compreensão e de transmiti-la para outros indivíduos. As TICs têm sido sempre, em suas diferentes fases de desenvolvimento, instrumentos para pensar, aprender, conhecer, representar e transmitir, para outras pessoas e para outras gerações, os conhecimentos adquiridos (COLL; MARTÍ, 2001).

> **importante >>**
>
> Todas as TICs repousam sobre o mesmo princípio: a possibilidade de utilizar sistemas de signos – linguagem oral, linguagem escrita, imagens estáticas, imagens em movimento, símbolos matemáticos, notações musicais, etc. – para representar uma determinada informação e transmiti-la.

Para além do princípio comum, contudo, as TICs diferem profundamente entre si quanto a suas possibilidades e limitações para representar a informação, assim como no que se refere a outras características relacionadas com a transmissão dessa informação:

- ▶ quantidade;
- ▶ velocidade;
- ▶ acessibilidade;
- ▶ distância;
- ▶ coordenadas espaciais;
- ▶ entre outras.

Essas diferenças têm, por sua vez, implicações do ponto de vista educacional. Atendendo às análises realizadas por diversos autores oriundos da psicologia, da pedagogia, da sociologia, da filosofia, da linguística e da informática (ADELL, 1997; BAUTISTA, 2004;

CASTELLS, 2000; DE KERCKHOVE, 2005; ECHEVARRÍA, 1999; ELLERMAN, 2007; PALAMIDESSI, 2006; RETORTILLO, 2001), sintetizamos, no Quadro 1.1, os principais marcos da evolução das TICs e das modalidades educacionais a elas associadas.

Há um consenso bastante generalizado em considerar três etapas-chave no desenvolvimento das TICs e seu efeito na educação.

A **primeira etapa**, dominada pela linguagem natural (fala e gestualidade), caracteriza-se pela necessidade de adaptação do homem primitivo a um meio adverso e hostil, no qual o trabalho coletivo era crucial. A transmissão oral, como único sistema de comunicação, dependia de alguns requisitos essenciais:

- os falantes deviam coincidir no tempo e no espaço e tinham de estar fisicamente presentes;

- as habilidades que eles precisavam possuir eram principalmente a observação, a memória e a capacidade de repetição.

Tais habilidades estão na origem de algumas modalidades educacionais e de alguns métodos de ensino e aprendizagem – a imitação, a declamação e a transmissão e reprodução de informação – muito úteis para fixar e conservar conhecimentos imprescindíveis, não somente para preservar a cultura como também para reproduzir e manter a separação entre os diferentes estamentos sociais que compõem uma sociedade altamente hierarquizada.

A **segunda etapa** representa a clara hegemonia do ser humano sobre o restante das espécies. Não mais se trata apenas de sobreviver, mas de adaptar a natureza às necessidades humanas por meio do desenvolvimento de técnicas alimentares, de construção, de vestimenta, etc., influindo, desse modo, na seleção natural.

Mais uma vez, a necessidade de registrar certos dados, como uma memória externa, e de transmitir e compartilhar com outros as informações, as experiências, os conselhos, etc., está na origem do nascimento da escrita, que, embora não exija a presença física dos interlocutores, requer certa proximidade, dado que os mensageiros, no início, e o correio postal, depois, não podiam cobrir distâncias muito grandes. Tanto a prensa tipográfica quanto o correio revolucionam a sociedade nessa segunda etapa e estão na base da progressiva industrialização da economia, da migração urbana e da formação de uma sociedade de massas.

QUADRO 1.1 ▶ EVOLUÇÃO DAS TECNOLOGIAS DA INFORMAÇÃO E DA COMUNICAÇÃO E DAS MODALIDADES EDUCACIONAIS A ELAS ASSOCIADAS

TIPO DE AMBIENTE PSICOSSOCIAL	ORIGEM	LINGUAGEM DOMINANTE	ETAPAS	TICS	CARACTERÍSTICAS DA INTERAÇÃO	TIPOS DE SOCIEDADE	MODALIDADES EDUCACIONAIS
Natural (fisiológico)	Adaptação das pessoas ao meio natural, facilitada por instrumentos, para sobreviver em um ambiente hostil.	Oral	▲ Protolinguagem ▲ Etapa gestual ▲ Etapa oral	▲ Fala ▲ Mímica ▲ Relatos em prosa e verso ▲ Trovas e canções	▲ Presença física dos interlocutores ▲ Proximidade espacial e temporal ▲ Ações simultâneas ou sincrônicas	▲ Sociedade agrária ▲ Sociedade artesanal ▲ Sociedade estamental	▲ Imitação ▲ Recitação ▲ Aula magna
Artificial (técnico)	Modificação do meio natural para adaptá-lo às pessoas.	Escrita	▲ Escritura ideográfica ▲ Escritura fonética	▲ Escritura manual em diferentes suportes ▲ Prensa gráfica ▲ Correio postal	▲ Presença simbólica dos interlocutores ▲ Contiguidade espacial e temporal ▲ Ações assíncronas	▲ Sociedade industrial ▲ Sociedade urbana ▲ Sociedade de massas	▲ Textos manuscritos ▲ Livros didáticos ▲ Ensino por correspondência

Fonte: Elaborado a partir de: Adell (1977), Bautista (2004), Castells (2000), De Kerckhove (2005), Echenarria (1999), Ellerman (2007), Palamidessi (2006) e Retortillo (2001).

(continua)

QUADRO 1.1 ▸ EVOLUÇÃO DAS TECNOLOGIAS DA INFORMAÇÃO E DA COMUNICAÇÃO E DAS MODALIDADES EDUCACIONAIS A ELAS ASSOCIADAS

TIPO DE AMBIENTE PSICOSSOCIAL	ORIGEM	LINGUAGEM DOMINANTE	ETAPAS	TICS	CARACTERÍSTICAS DA INTERAÇÃO	TIPOS DE SOCIEDADE	MODALIDADES EDUCACIONAIS
Virtual (eletrônico)	(Re)criação de novos meios de comunicação e desenvolvimento para responder aos desafios da globalização.	Analógica	▲ Analógica	▲ Telégrafo ▲ Telefone ▲ TV	▲ Representação simbólica dos interlocutores	▲ Sociedade audiovisual	▲ Ensino a distância e audiovisual
		Digital	▲ Digital	▲ Multimídia	▲ Independência espacial e temporal	▲ Sociedade da informação	▲ Ensino apoiado por computador
			▲ Sem fio	▲ Internet	▲ Ações síncronas e assíncronas		▲ *E-learning*

Fonte: Elaborado a partir de: Adell (1977), Bautista (2004), Castells (2000), De Kerckhove (2005), Echenarría (1999), Ellerman (2007), Palamidessi (2006) e Retortillo (2001).

Na educação, essas TICs encontram seus referenciais em um ensino centrado em textos e no nascimento dos livros didáticos e do ensino a distância, por correspondência. A partir desse momento, e até a época atual, a formação de uma mente alfabetizada, letrada, capaz não apenas de decodificar foneticamente os grafemas como também de compreender os conteúdos de maneira significativa para utilizá-los, tem sido, provavelmente, o principal objetivo da educação formal.

importante >>

Com a chegada dos sistemas de comunicação analógica – primeiramente, o telégrafo e, posteriormente, o telefone, o rádio e a televisão –, as barreiras espaciais foram rompidas definitivamente e a troca de informações em nível planetário passou a ser uma realidade; começava a **terceira etapa** do desenvolvimento das TICs. Os novos meios audiovisuais entraram nos centros educacionais, embora ainda como complemento da documentação escrita.

Fala-se, hoje, da necessidade de promover uma alfabetização gráfica e visual, ainda que as tentativas sejam tímidas e seu impacto, até o momento, limitado. Isso decorre, em grande medida, da fulgurante entrada em cena da linguagem digital e da possibilidade de as diferentes tecnologias existentes convergirem em um único sistema de codificação que, além disso, utiliza suportes mais confiáveis, mais fáceis de transportar, mais econômicos e com maior capacidade de armazenamento.

Frutos da nova tecnologia foram os primeiros computadores digitais, que surgiram no fim da década de 1940. Eles encontrariam, na corrente comportamentalista e em suas máquinas de ensino analógicas, um terreno fértil para o desenvolvimento da educação assistida por computador, que, apesar das críticas recebidas, continua com boa saúde e presente em muitas aplicações edumáticas*.

definição ▼

Graças à interligação entre diferentes computadores digitais e à internet, chegamos à SI, que poderíamos definir como um novo estágio de desenvolvimento das sociedades humanas, caracterizado, do ponto de vista das TICs, pela capacidade de seus membros de obter e compartilhar qualquer quantidade de informação de maneira praticamente instantânea, a partir de qualquer lugar e na forma preferida, com um custo muito baixo.

* N. de R. T.: O termo "edumática" se refere à relação entre educação e informática. É ainda pouco utilizado em português, mas muito frequente em estudos sobre o tema das TICs na língua espanhola.

No momento atual, já estamos iniciando uma nova subetapa, caracterizada pelo desenvolvimento das redes sem fio e pela internet móvel, os quais podem tornar possível a velha utopia da conectividade total.

Desde que apareceu na forma em que a conhecemos atualmente, em 1990,[2] a internet não parou de crescer e, ao mesmo tempo, de evoluir. Ellerman (2007), em um interessante trabalho dirigido a compreender o impacto da internet na sociedade contemporânea, expõe alguns aspectos dessa evolução a partir da análise das metáforas utilizadas para descrevê-la nos artigos publicados sobre o tema e incluídos na base de dados acadêmicos ASAP.[3] Tais metáforas são explicadas a seguir.

> ▶ A primeira, e provavelmente também a mais lembrada, segundo a autora, é a metáfora da internet como **"estrada" (*highway*)** da informação e da comunicação. De acordo com sua análise, essa metáfora surge em 1992, atinge seu ponto culminante em 1996 e, a partir desse momento, sua presença nas publicações especializadas sofre um progressivo declínio. A metáfora promove um grande número de termos associados à ideia de tráfego e circulação: acesso aberto, mapas, saídas, buracos, calçada, rotas, rotatórias, atalhos, engarrafamento, etc. Surgida durante a administração do presidente Bill Clinton nos Estados Unidos, tal metáfora respondia, em grande medida, de acordo com a interpretação da autora, à necessidade de construir as infraestruturas requeridas para uma circulação rápida e fluida da informação, de modo que, uma vez criadas tais infraestruturas, a metáfora caiu em desuso.

> ▶ A segunda metáfora nasce um ano após a anterior, em 1993, e atinge sua maior popularidade também em 1996. Trata-se da internet identificada como **"ciberespaço" (*cyberspace*)**, cujo significado remete à regu-

---

[2] A origem da internet remonta à Arpanet, a rede da Advanced Research Project Agency do Departamento de Defesa dos Estados Unidos, criada em 1969. Contudo, foi somente em 1974 que V. Cerf, R. Khan e outros projetaram a arquitetura básica da internet e estabeleceram o Protocolo de Controle de Transmissão (Transmission Control Protocol, TCP). Posteriormente, em 1978, o próprio V. Cerf e outros especialistas dividiram esse protocolo em duas partes, o Protocolo de Controle de Transmissão de computador principal a computador principal (TCP) e o Protocolo Inter-redes (Interconection Protocol, IP), dando lugar ao Protocolo TCP/IP, que atualmente ainda é o padrão de comunicações entre computadores.

[3] ASAP é uma base de dados de orientação acadêmica que inclui as referências e o texto completo de trabalhos publicados em revistas e periódicos de todo o mundo em três áreas: artes e humanidades; ciências sociais; e ciência e tecnologia.

lamentação, à autorregulamentação ou ao controle do espaço "virtual" da internet. A metáfora respondia sobretudo, segundo a autora, à preocupação em introduzir regulamentações ou controles sobre a utilização da internet em todos os âmbitos, surgida como consequência do medo do caos social e moral que pudesse sobrevir do fluxo e do acesso praticamente sem limites à informação. Assim, contra o jogo, a pornografia, a pirataria, o terrorismo, etc., aparecem filtros, zonas privilegiadas de acesso, proteção para menores de idade, protocolos, normas de conduta, regulamentações legislativas, vírus e antivírus, vacinas, entre outros.

▶ Finalmente, a terceira metáfora é posterior e consiste na utilização do adjetivo **"virtual"** para referir-se às organizações, comunidades, atividades e práticas que operam e ocorrem na internet. Neste caso, a metáfora destaca a potencialidade da internet como imitadora da realidade, capaz, por exemplo, de permitir uma comunicação entre usuários que seja muito parecida com aquela que ocorre realmente. A simulação de todo tipo de objeto, fenômeno, situação e processo faz da internet uma realidade paralela – mais do que algo irreal ou fictício – que está adquirindo, pouco a pouco, um *status* próprio. Assim, são adjetivados como virtuais todos os fenômenos que ocorrem na rede, dado que, em algum sentido, eles emulam outros semelhantes que ocorrem no mundo real: comunicação virtual, ensino virtual, aprendizagem virtual, trabalho virtual, comunidade virtual, etc.

Posteriormente, foram aparecendo novas metáforas que se inscreveram nesta última: uma nova *polis* ou *infopolis*, uma nova sociedade-rede, um novo território, um novo espaço pelo qual viajar, ou *telépolis*, etc.*

para refletir !!!

Não há dúvida de que a interação entre a mente dos agentes educacionais e um sistema complexo de processamento e transmissão de informação, como é a internet, está modificando de maneira significativa as ferramentas, os cenários e as finalidades da educação neste começo do século XXI.

---

* Na língua portuguesa, os termos "*infopolis*" e "*telépolis*" não têm referências; na literatura especializada, contudo, há os termos "infovia" e "cosmópolis" (Pierre Lévy, *As tecnologias da inteligência: o futuro do pensamento na era da informática*, Ed. 34, 1993, São Paulo [1990, Paris, Ed. La Decouverte]).

O CONTEXTO DA MUDANÇA: ALGUMAS CARACTERÍSTICAS DA SOCIEDADE DA INFORMAÇÃO QUE SÃO RELEVANTES PARA A EDUCAÇÃO

O consenso generalizado sobre a existência de transformações profundas em praticamente todos os âmbitos da organização social, política, econômica e cultural contrasta com a heterogeneidade das conclusões das análises dirigidas a:

- identificar e descrever essas transformações;
- verificar sua importância e seus efeitos na vida das pessoas; e
- formular propostas concretas de ação diante dos desafios decorrentes.

As razões dessa heterogeneidade são, sem dúvida, múltiplas e diversas. É preciso buscá-las, pelo menos em parte, na impossibilidade de adotar a distância crítica mínima necessária para analisar as transformações nas quais estamos imersos e que nos afetam diretamente; e em parte, também, essas razões podem estar na natureza instável das transformações que continuam ocorrendo a um ritmo cada vez mais acelerado, tanto no âmbito estritamente tecnológico, com contínuos avanços e desenvolvimentos das TICs, quanto no âmbito social, político, econômico e cultural.

Assim, vamos assinalar e comentar brevemente alguns fenômenos, tendências ou características que são próprios da SI ou adquirem especial relevância nesse marco e que formam, no nosso critério, o pano de fundo da educação nesse novo cenário (COLL, 2003).

- A complexidade, a interdependência e a imprevisibilidade (CEBRIÁN, 1998). Esses fatores, que presidem as atividades e as relações dos indivíduos, dos grupos, das instituições e dos países, são, junto com a globalização ou mundialização da economia, características frequentemente atribuídas à SI. O contexto das atividades humanas, que as condiciona e, por sua vez, é condicionado por elas, não é mais o contexto físico imediato, no qual estas surgem e se desenvolvem, mas um contexto muito mais amplo, sujeito a uma densa rede de inter-relações, de envolvimentos e de influências mútuas.

- A informação, o excesso de informação e o ruído. A informação é a matéria-prima da SI. As TICs – especialmente as tecnologias de redes de informação – trouxeram consigo um aumento espetacular da quantidade e do fluxo de informação, promovendo não apenas o acesso à informação de setores cada vez mais amplos da população como também a possibilidade de submeter esses setores a um verdadeiro "bombardeio informativo". A abundância de informação e a facilidade de acesso a ela não garantem, contudo, que os indivíduos estejam mais informados. A grande quantidade de informação e a facilidade para transmiti-la e acessá-la representam, sem dúvida, um avanço com enormes potencialidades para permitir o desenvolvimento individual e social e para melhorar a vida das pessoas, mas, por si só, não garantem nada. Os riscos de manipulação, de excesso de informação, de intoxicação provocada por esse excesso – de "infoxicação" – e, sobretudo, o desafio de conseguir passar da informação para o conhecimento, o que "envolve informação interiorizada e adequadamente integrada nas estruturas cognitivas do indivíduo" (ADELL, 1997), são aspectos estreitamente relacionados com a preeminência da informação na SI.

▶ A rapidez dos processos e suas consequências. A rapidez com que ocorrem as mudanças e transformações, combinada com o consequente aumento do impacto e da imprevisibilidade de seus efeitos e consequências, é outra das características que distinguem a SI (CEBRIÁN, 1998). A rapidez afeta praticamente todos os processos e aspectos envolvidos na SI: a transmissão da informação, sua caducidade e sua renovação; o desenvolvimento e o aperfeiçoamento de *hardware* e de *software*; a incorporação dos usuários às novas tecnologias (internet, televisão digital, telefonia digital, tecnologia móvel, etc.); as mudanças de tendências econômicas em nível mundial; o auge e a queda de produtos comerciais e áreas de negócios; as mudanças de tendências do mercado de trabalho; a difusão, a aceitação e o abandono de modas culturais e de valores éticos e estéticos que se sucedem com uma velocidade vertiginosa; em suma, a rapidez afeta os processos de tomada de decisão forçados pela necessidade de responder a uma realidade que está submetida a um processo de mudança contínua e, em muitos aspectos, imprevisível.

▶ A escassez de espaços e de tempo para a abstração e a reflexão. Como assinala Cebrián (1998, p. 181), "a velocidade é contrária à reflexão, impede a dúvida e dificulta o aprendizado. Hoje, estamos obrigados a pensar mais rápido, mais do que pensar melhor". A rapidez dos processos e das transformações próprios da SI, juntamente com os fenômenos de excesso, obsolescência e renovação contínuos da informação, assim como a multiplicidade e a heterogeneidade das fontes de informação, podem levar facilmente "[à] diminuição e dispersão da atenção, [a] uma cultura de 'mosaico', carente de profundidade, à falta de estruturação, à superficialidade, à padronização das mensagens, à informação como espetáculo, etc." (ADELL, 1997, p. 5).

▶ A preeminência da cultura da imagem do espetáculo. As TICs – especialmente as tecnologias audiovisuais e multimídia – têm contribuído para configurar e consolidar uma autêntica "cultura do espetáculo", que, de acordo com Ferrés (1999), prioriza formas de expressão que podem ser resumidas em cinco grandes características: a primazia do sensorial – ou multissensorial – e do concreto sobre o abstrato e o simbólico; a primazia do narrativo sobre o taxonômico e o analítico; a primazia do dinâmico, tanto no que concerne à forma quanto aos conteúdos, sobre o estático; a primazia das emoções sobre a racionalidade; e a primazia do sensacionalismo sobre o previsível e rotineiro. Segundo o autor, ao primar essas formas de expressão, a cultura da imagem e do espetáculo está contribuindo, também, para desenvolver, nas pessoas, determinadas maneiras de agir, de pensar e de sentir.[4]

▶ A transformação das coordenadas espaciais e temporais da comunicação. A evolução das tecnologias e dos meios de comunicação pode ser descrita, em certa medida, como o resultado dos esforços humanos para superar os condicionantes espaço e tempo: da comunicação gestual ou oral face a face, que exige a coincidência temporal dos interlocutores no mesmo espaço físico, até a comunicação virtual, na qual os interlocutores podem estar a milhares de quilômetros de distância e, inclusive, sem saber onde o outro está fisicamente, podendo, mesmo assim, comunicar-se de forma síncrona ou assíncrona. O ciberespaço, o espaço virtual no qual

---

[4] A tese de que as TICs e, em especial, as novas formas culturais e os processos de socialização e culturalização que essas tecnologias propiciam estão provocando mudanças profundas, nem sempre positivas, nas formas de pensar e aprender das pessoas tem sido defendida com veemência por autores como Giovanni Sartori ou Raffaele Simoni. Assim, Sartori (1998) defende a tese de que a revolução multimídia desencadeada pelo desenvolvimento das TICs na segunda metade do século XX está "transformando o Homo sapiens, produto da cultura escrita, em um Homo videns, para o qual a palavra foi destronada pela imagem" (op. cit., p. 11). Simoni (2001), por sua vez, afirma que, com o computador e as mídias – ou seja, com as TICs –, a espécie humana está adentrando em uma nova fase de sua história, caracterizada pela conquista de novas formas de acesso ao conhecimento, mas também pelo abandono ou pela perda de outras, baseadas na leitura e na escrita, que não podemos ignorar.

ocorre a comunicação por redes, na verdade é um "não lugar", um "espaço não físico" diferente dos espaços pessoais em que os interlocutores se encontram fisicamente (MARTÍNEZ; SOLANO, 2003). Quanto ao tempo, é preciso considerar, por um lado, que a velocidade de transmissão da informação por redes o anula, praticamente, como condicionante para efeitos de comunicação; e, por outro, que ocorre uma dissociação entre o tempo pessoal – ou "tempo vivido" – dos interlocutores (ibidem) e o tempo durante o qual se tem acesso à informação comunicada.

▶ A homogeneização cultural. A possibilidade de transmitir e ter acesso a qualquer momento, de maneira praticamente instantânea, a grandes volumes de informação modifica substancialmente o contexto das atividades e das práticas sociais e econômicas. O contexto se amplia até atingir limites gigantescos, ou pode até não ter limites. Contudo, a globalização ou mundialização não ocorre apenas no âmbito da economia, do mercado e do consumo, mas afeta todas as facetas da atividade e da expressão humanas. Também a cultura, entendida em um sentido amplo, torna-se globalizada, mesmo que nem todas as expressões e valores culturais tenham as mesmas possibilidades de difusão e circulação pelas novas redes de comunicação. As expressões, valores e sistemas culturais dos grupos que estão no poder e contam com os meios e a capacidade para serem difundidos vão se impondo progressivamente.

▶ O surgimento de novas classes sociais: os "inforricos" e os "infopobres". Algumas das características da SI e das TICs que acabamos de comentar parecem sugerir que estamos diante de uma revolução de alcance mundial que afeta o conjunto da humanidade. Essa apreciação é correta, mas convém matizá-la imediatamente, assinalando que, pelo menos até agora, tal revolução não está afetando todo o mundo da mesma maneira. Em primeiro lugar, o ritmo de incorporação à SI das diferentes regiões e países do mundo, e mesmo dos diferentes setores ou classes sociais dentro de um único país, é muito desigual.[5] Além disso, a participação na SI tem um alcance e um significado diferentes, dependendo de cada caso:

---

5 Ver as estatísticas publicadas periodicamente por algumas corporações, fundações e organismos governamentais e não governamentais, como, por exemplo, Internet World Stats (http://www.internetworldstats.com/stats.htm), Comissão Europeia (http://europa.eu/pol/infso/index_pt.htm), Observatório Nacional das Telecomunicações e da SI (http://observatorio.red.es/index.action), Associação de Usuários da Internet da Espanha (http://www.aui.es) e Fundação Orange (http://fundacionorange.es/areas/25_publicaciones/publi_251_7.asp).

de produção, criação e negócio nos países ricos; de consumo e maior dependência econômica e cultural nos países pobres. A consequência dessa situação é que está ocorrendo um "aumento das diferenças entre países pobres e países desenvolvidos, a sociedade dual está sendo potencializada, mesmo no seio de um país ou de uma cidade, e estão sendo criadas novas classes: os inforricos e os infopobres" (CEBRIÁN, 1998, p. 187).

A INFLUÊNCIA DA INTERNET: NOVAS FERRAMENTAS, CENÁRIOS E FINALIDADES EDUCACIONAIS

Em um trabalho dedicado a revisar os paradigmas teóricos dominantes nos estudos da interação entre humanos e computadores (*human-computer interaction*, HCI), Kaptelinin (2002) apresenta um esquema que contempla três grandes grupos de abordagens, o qual é igualmente útil para revisar as abordagens teóricas dadas aos processos de ensino e aprendizagem baseados nas TICs durante as três últimas décadas, conforme mostra o Quadro 1.2.

Embora Kaptelinin fale de períodos temporais ou etapas que teriam ocorrido em "ondas", considerando que cada nova etapa supera a anterior e apostando claramente na última, temos sérias dúvidas de que as duas primeiras etapas tenham se tornado obsoletas, especialmente se prestarmos atenção a determinados desenvolvimentos atuais, como, por exemplo, os agentes artificiais inteligentes que se busca incorporar às interfaces. Por isso, preferimos falar em aproximações, mais do que em períodos ou etapas.

- ▶ A **primeira** aproximação tem sido orientada basicamente ao estudo do impacto do uso das TICs sobre os processos cognitivos do aprendiz-usuário.

- ▶ A **segunda** aproximação incorpora decididamente em suas pesquisas as variáveis relativas ao contexto educacional no qual ocorre a aprendizagem.

- ▶ A **terceira** aproximação amplia ainda mais o foco e introduz outros contextos de atividade social, além dos especificamente orientados à educação.

Com esse esquema em mente, vamos revisar, a seguir, algumas ferramentas, cenários e finalidades que surgem no panorama educacional atual como consequência da irrupção das TICs.

QUADRO 1.2 ▸ TRÊS ABORDAGENS SOBRE O ESTUDO DA INTERAÇÃO ENTRE SERES HUMANOS E COMPUTADORES

I. A aproximação cognitiva	Foco nas interfaces
	Estudos experimentais sobre a eficácia da interação computador-ser humano
	Modelos de usuários
	Critérios de usabilidade
II. A aproximação sociocognitiva	De produtos a processos em pesquisa e *design*
	De indivíduos a grupos
	Do laboratório ao local de trabalho
	Dos novatos aos especialistas
	Da análise ao *design*
	Do *design* centrado no usuário ao envolvimento do próprio usuário no *design*
III. A aproximação, a partir da teoria, à atividade	Para além do ambiente laboral: aprendizagem, jogo, lazer
	Para além do mundo adulto: as crianças e os jovens como autores e *designers*
	Para além da realidade virtual: computadores ubíquos
	Para além das ferramentas passivas: tecnologias persuasivas
	Para além da interação computador-ser humano: interação com *web* adaptativa

Fonte: Adaptado de Kaptelinin (2002).

NOVAS FERRAMENTAS

Fazer uma análise prospectiva das novas ferramentas das TICs que são relevantes para a educação não é tarefa fácil, considerando o ritmo vertiginoso com que surgem as novidades nesse âmbito. Serve como exemplo disso o Diretório de Ferramentas para a Aprendizagem, elaborado anualmente pelo *Centre for Learning & Performance Technologies (c2016)*, que, em sua edição de 2008, incluiu em torno de 2.400 referências, quase 700 a mais do que em 2007, entre ferramentas de *software* livre e de *software* comercial.

O Quadro 1.3 apresenta as 20 ferramentas preferidas pelos especialistas em aprendizagem e outros profissionais da educação que contribuíram com suas avaliações para a edição de 2008. Para cada ferramenta, indicam-se, além de seu lugar no *ranking*:

- suas características;
- se é *software* livre ou proprietário; e
- se pode ser baixada ou opera *on-line*.

De qualquer maneira, existem pelo menos três conceitos que se repetem permanentemente na literatura e que apontam para um horizonte bastante provável: adaptabilidade, mobilidade e cooperação.

importante >>

Em um mundo em que as distâncias são cada vez mais reduzidas, as fronteiras desaparecem e os grandes problemas são compartilhados, cresce a mobilidade das pessoas, aumenta a heterogeneidade das comunidades e torna-se patente a necessidade de trabalhar conjuntamente para resolver problemas comuns.

A educação é obrigada a enfrentar a situação resultante da redução das distâncias no mundo atual. Nesse contexto, fala-se em:

- escolas inclusivas, que tentam satisfazer a diversidade de necessidades educacionais de seus alunos;

- educação não formal e informal, para aproveitar as oportunidades que a sociedade atual oferece para a educação e formação das pessoas; e

- aprendizado colaborativo e cooperativo, com a finalidade de tirar proveito dos conhecimentos e das habilidades dos diversos membros de um grupo para satisfazer objetivos comuns.

As TICs em geral, e suas aplicações e usos educacionais em particular, logicamente refletem essas inquietações.

QUADRO 1.3 ▶ AS 20 FERRAMENTAS PREFERIDAS PARA A APRENDIZAGEM, SEGUNDO O DIRETÓRIO DE FERRAMENTAS PARA A APRENDIZAGEM DE 2008

RANKING 2008	NOME DA FERRAMENTA	DESCRIÇÃO	SOFTWARE LIVRE/ PROPRIETÁRIO	PODE SER BAIXADA/ ON-LINE
1.	Del.icio.us	*Folksonomia de páginas web*	Livre	*On-line*
2.	Firefox	Navegador web	Livre	Pode ser baixada
3.	Google Reader	Leitor de *feeds*	Livre	*On-line*
4.	Skype	Mensagens instantâneas, comunicação *VoIP*	Livre	Pode ser baixada
5.	Google Search	Buscador	Livre	*On-line*
6.	Wordpress	Ferramenta de *blogs*	Livre	Pode ser baixada/*On-line*
7.	PowerPoint	Ferramenta de apresentações	Proprietário	Pode ser baixada
8.	Blogger	Ferramenta de *blogs*	Livre	*On-line*
9.	Audacity	Editor de som e gravador	Livre	Pode ser baixada
10.	Wikipédia	Enciclopédia *on-line*	Livre	*On-line*

Fonte: Centre for Learning & Performance Technologies (http://c4lpt.co.uk/recommended/index.html).

(continua)

QUADRO 1.3 ▶ AS 20 FERRAMENTAS PREFERIDAS PARA A APRENDIZAGEM, SEGUNDO O DIRETÓRIO DE FERRAMENTAS PARA A APRENDIZAGEM DE 2008

RANKING 2008	NOME DA FERRAMENTA	DESCRIÇÃO	SOFTWARE LIVRE/ PROPRIETÁRIO	PODE SER BAIXADA/ ON-LINE
11.	Gmail	Programa de correio eletrônico	Livre	On-line
12.	Google Docs	Site para abrigar, processar e compartilhar documentos	Livre	On-line
13.	Moodle	Sistema de gestão de cursos on-line	Livre	Pode ser baixada/On-line
14.	Flickr	Site para abrigar e compartilhar fotos	Livre	On-line
15.	iGoogle	Página inicial de web personalizável	Livre	On-line
16.	YouTube	Site para abrigar e compartilhar vídeos	Livre	On-line
17.	Slideshare	Site para abrigar e compartilhar apresentações	Livre	On-line
18.	Ning	Redes sociais de trabalho	Livre	On-line
19.	Twitter	Microblogs e redes	Livre	On-line
20.	Wikispaces	Ferramenta de wikis	Livre	On-line

Fonte: Centre for Learning & Performance Technologies (http://c4lpt.co.uk/recommended/index.html).

▶ **Da acessibilidade e da usabilidade à adaptabilidade**

Longe de serem contrapostas, a acessibilidade, a usabilidade e a adaptabilidade são propriedades das TICs fortemente interdependentes: quanto maiores forem a acessibilidade e a adaptabilidade, maior será a usabilidade, e vice-versa. Em qualquer caso, a universalização do acesso, mesmo ainda sendo uma utopia, avança a passos agigantados e não parece ter retorno.

Quanto à usabilidade, os esforços para que as interfaces se tornem cada vez mais amigáveis, intuitivas e fáceis de serem utilizadas por qualquer pessoa estão dando seus frutos, e as possibilidades de operar um computador utilizando, por exemplo, a voz ou pequenos movimentos voluntários quase imperceptíveis começam a tornar-se realidade. O desafio agora é que os programas sejam capazes de se transformar em um alter ego para o aluno – ou para uma equipe de trabalho –, auxiliando-o(a) de modo personalizado em suas tarefas, graças à possibilidade de "aprender" com suas ações, omissões e decisões; estamos falando dos chamados "agentes artificiais".

A necessidade de aproximar cada vez mais os computadores das mentes dos aprendizes não termina com as iniciativas das empresas dedicadas à criação e à produção de *hardware* e *software*. Outro núcleo importante de avanço tem como protagonistas os próprios usuários e seu interesse em participar de projetos e desenvolvimentos de novos protótipos, em relação a:

- ▶ *software* livre;
- ▶ desenvolvimento de personagens e jogos; ou
- ▶ criação e oferta de conteúdos pela internet.

definição ▼

A corrente que coloca o usuário na posição de produtor e difusor de conteúdos é conhecida com o nome de *Web* 2.0, em contraposição à perspectiva anterior de *Web* 1.0, que conferia ao usuário um papel de mero consumidor relativamente passivo.

▶ **Do *e-learning* ao *m-learning***

Uma das perspectivas de futuro mais verossímeis é a possibilidade de expandir as opções de aprendizado para outros cenários que não sejam os tipicamente escolares.

As progressivas miniaturização e integração das tecnologias, junto com o desenvolvimento de plataformas móveis e da conexão sem fio, permitirão que os alunos continuem avançando em sua formação pelo acesso, a qualquer momento, a partir de seu celular, de agendas eletrônicas, de computadores de bolso ou de outros dispositivos, a:

- documentos;
- portfólios;
- fóruns;
- *chats*;
- questionários;
- *webquests*;
- *weblogs*;
- listas de discussão;
- etc.

O *m-learning* ou "escola nômade", segundo o termo cunhado por P. Steger,[6] abre imensas possibilidades para empreender trabalhos de campo, trocar reflexões, analisar conjuntamente atuações profissionais que estejam ocorrendo no mesmo instante ou integrar em um trabalho de equipe pessoas geograficamente afastadas entre si (PEA; MALDONADO, 2006; RHEINGOLD, 2002).

- **Da competição individual à cooperação**

A maioria das atividades humanas socialmente relevantes inclui um trabalho em grupo. Assim, ser competente – em sua dupla acepção de que uma tarefa ou responsabilidade compete a alguém e de que alguém é competente para realizar uma tarefa ou assumir uma responsabilidade – dificilmente pode ser considerado como um atributo exclusivamente individual, independente da competência de outros que estejam, direta ou indiretamente, envolvidos na situação, influenciando e condicionando processos e produtos.

---

6 O projeto e diversos exemplos de "escola nômade" podem ser consultados em: http://www.epi.asso.fr/revue/sites/s0501c.htm

Tradicionalmente, contudo, na educação formal e escolar, demonstrar a própria competência significa mostrar que se é competente em comparação ao resto dos aprendizes da mesma turma, da mesma escola ou do mesmo nível educacional. Isso geralmente se traduz em entrar em competição com os demais, às vezes de maneira muito explícita (por exemplo, quando as notas são dadas a partir de uma distribuição normativa de pontuações que se expressam graficamente em uma curva de Gauss), outras de maneira mais encoberta (por exemplo, quando se estabelecem comparações formais ou informais entre os alunos, com o "melhor" e o "pior" rendimento).

Diante dessa postura, encontramos, com cada vez mais frequência, em todos os níveis educacionais, experiências que tendem a apresentar e organizar as atividades de ensino e aprendizagem e as atividades de avaliação como atividades e tarefas de grupo. Particularmente interessantes nesse sentido são as atividades que, por sua própria complexidade, exigem a participação interdependente de todos os membros do grupo. Estamos falando de tarefas do tipo cooperativo, nas quais a competência do grupo prima sobre a competência individual de seus membros.

importante »

A incorporação das TICs aos diferentes âmbitos da atividade humana – especialmente às atividades laborais e formativas – vem contribuindo de maneira importante para reforçar a tendência de projetar metodologias de trabalho e de ensino baseadas na cooperação.

Trabalhar em rede com o apoio das TICs representa uma nova maneira de entender e de estabelecer as competências necessárias para cumprir as tarefas e realizar as atividades instituídas. Parafraseando Pea (1993), poderíamos dizer que as competências são mais exercidas e distribuídas do que possuídas, de modo que estão:

- **simbolicamente** distribuídas (entre os diferentes sistemas de signos com carga semiótica que operam no ambiente de trabalho em rede);

- **socialmente** distribuídas (entre todos os membros do grupo, que, por sua vez, são provedores e receptores de conhecimentos); e

- **fisicamente** distribuídas (entre os dispositivos tecnológicos e os membros do grupo).

Tomando como ponto de partida a confluência entre trabalho cooperativo e TICs, Mittleman e Briggs (1998) identificam sete tipos básicos de grupos virtuais suscetíveis de funcionar tanto em contextos laborais quanto de formação. De nossa parte, e como resultado da aplicação cruzada de dois critérios relativos, respectivamente, ao caráter esperado ou inesperado da demanda que está na origem da atividade e à existência de uma relação de independência ou de interdependência entre os membros, sintetizamos os sete tipos básicos de grupos em quatro grandes categorias, conforme mostra o Quadro 1.4 a seguir.

▶ Grupos de trabalho virtual que atuam sobre demandas previstas e, com frequência, previamente planejadas, e que estabelecem as relações com base em um formato colaborativo, ou seja, com papéis e funções independentes entre seus membros. Exemplos deste tipo de grupos são as denominadas **equipes de trabalho em rede** (*networked teams*), nas quais vários indivíduos colaboram para alcançar uma meta comum, e as **equipes de serviço**, criadas para proporcionar um serviço específico durante um período de tempo determinado.

▶ Grupos de trabalho virtual que são centrados, também, em demandas previstas ou conhecidas, mas cujos membros estabelecem relações de cooperação com a finalidade de abordar essas demandas e alcançar as metas desejadas. Neste caso, as funções que os membros do grupo assumem são interdependentes: se um membro não possui ou não proporciona a informação apropriada, ou se não realiza adequadamente sua parte do trabalho, todo o grupo é afetado, o que torna imprescindível um apoio mútuo entre todos. São exemplos desta categoria as **equipes**

QUADRO 1.4 ▶ TIPOS BÁSICOS DE EQUIPES VIRTUAIS

	DEMANDA ESPERADA	DEMANDA INESPERADA
Relação de independência	Equipes de trabalho em rede	Equipes paralelas
	Equipes de serviços	Equipes de ação imediata
Relação de interdependência	Desenvolvimento de projetos	Equipes de gestão
	Equipes de produção	

Fonte: Adaptado de Mittleman e Briggs (1998).

de desenvolvimento de projetos e as **equipes de produção**, nas quais a realização da tarefa e o cumprimento dos objetivos requerem a coordenação eficaz de todos e de cada um dos membros.

▶ Grupos de trabalho virtual que devem atuar em situações inesperadas e nos quais são potencializadas basicamente as relações de independência entre seus componentes. As **equipes paralelas**, que desempenham funções que uma organização regular não quer ou não pode assumir, e as **equipes de ação**, que tentam dar uma resposta imediata em situações de emergência, são exemplos deste tipo de grupos.

▶ Grupos de trabalho virtual, finalmente, que também devem enfrentar situações inesperadas e que não são previamente conhecidas, mas que se baseiam em relações de interdependência entre seus membros. As **equipes de gestão**, constituídas por administradores que trabalham conjuntamente para enfrentar um determinado problema emergente, são um exemplo desta categoria.

NOVOS CENÁRIOS

Os cenários educacionais, assim como quaisquer outros cenários, são constituídos por um conjunto de variáveis que os definem: certos atores particulares com papéis e formas de interação estabelecidos; conteúdos concretos; e determinadas modalidades de organização do tempo, do espaço e dos recursos específicos. A entrada em cena das TICs modifica, em grande medida, cada uma dessas variáveis e leva os processos educacionais para além das paredes da escola. Deixando de lado as metas e os conteúdos, queremos destacar, aqui, as mudanças que os seguintes aspectos estão sofrendo:

▶ os papéis de alunos e professores;

▶ as possibilidades e modalidades de interação;

▶ as coordenadas espaçotemporais; e

▶ o acesso aos recursos.

Já faz muito tempo que Weiser (1991) antecipou, com sua expressão *ubiquitous computer*, uma época em que os computadores estariam presentes em toda parte, até tornarem-se invisíveis devido à sua integração com nossa paisagem cotidiana, como mais um elemento desta. A expressão de Weiser não apenas revelou-se afortunada e bem-sucedida como sua previsão está em vias de tornar-se realidade. Dos primeiros computadores, grandes máquinas que serviam a muitos usuários ao mesmo tempo, passou-se ao formato de um usuário e um computador pessoal para, atualmente, começar a considerar-se a ideia de um usuário que tem ao seu alcance muitos computadores.

importante >>

Para Weiser (1991), a ideia básica da *ubiquitous computer* é oposta àquela que defende o enfoque da realidade virtual. Não se trata de pôr a pessoa dentro do mundo fictício gerado pelo computador, mas de integrar o computador ao nosso mundo humano.

Nos cenários possibilitados pela integração dos computadores ao cotidiano, cada terminal e cada rede sem fio – que estão cada vez mais numerosos e acessíveis – poderá, além de conectar-nos com nossos próprios servidores, oferecer um serviço educacional. Enquanto esperamos para ver um filme ou que nos tragam o cardápio, poderemos revisar a filmografia do diretor do filme ou as opiniões que diferentes *gourmets* emitiram sobre a cozinha do estabelecimento. Atualmente, já há, em alguns museus, roteiros eletrônicos (*electronic guidebooks*), que estimulam uma interação sofisticada entre a obra exibida e o espectador.

Assim, os cenários denominados educação não formal e informal podem passar a ser plenamente educacionais, caso sejam programados conteúdos com esse propósito. Visitar um parque temático e aprender sobre a história milenar da China enquanto passeamos por uma grande muralha feita de papelão, ou sobre o funcionamento do barco a vapor ao mesmo tempo que navegamos em um protótipo sobre um Mississippi feito à escala, já são possibilidades absolutamente verossímeis.

> **definição** ▼
>
> Autores como Schilit, Adams e Want (1994) e Bravo, Hervás e Chavira (2005) utilizaram a noção de computador sensível ao contexto (*context-aware computing*) ou "inteligência ambiental" para descrever as possibilidades que pode ter um espaço educacional no qual os participantes são identificados eletronicamente (graças à leitura, por radiofrequência, de uma etiqueta eletrônica que o indivíduo leva consigo); a informação que o sistema emite (por exemplo, uma projeção em uma lousa eletrônica ou uma mensagem de áudio) pode ser personalizada pela informação registrada e analisada a partir da última visita do participante.

Segundo a ideia de computador sensível ao contexto, o computador pode adaptar-se às características do usuário (idioma, idade, conhecimentos, experiência, etc.), comparar sua conduta anterior com a que está tendo no momento (por exemplo, comparar o desenvolvimento da solução de um problema que ele resolveu antes com a solução do problema em que está trabalhando no momento), oferecer-lhe um registro estatístico de suas intervenções, etc.

Quanto aos papéis de professores e alunos e as formas de interação que as TICs propiciam, as mudanças também parecem irreversíveis. A imagem de um professor transmissor de informação, protagonista central das trocas entre seus alunos e guardião do currículo começa a entrar em crise em um mundo conectado por telas de computador. Continuamente, aparecem, entre outros:

- ▶ grupos de estudantes que, pela internet, colaboram e se ajudam em suas tarefas escolares com espantosa facilidade;

- ▶ *webs* temáticas que tratam sobre qualquer tema de forma atualizada, com diferentes níveis de profundidade e, às vezes, permitindo acesso direto aos autores mais relevantes e a sua obra, a consultores especialistas ou, simplesmente, a estudantes avançados que já passaram pelo mesmo problema ou que enfrentaram uma dúvida parecida;

- ▶ *webs* que põem à disposição dos usuários todo tipo de recurso videográfico ou ferramenta para representar dados e informações de um modo altamente abrangente e compreensível.

para refletir !!!

No médio prazo, parece inevitável que, diante da oferta de meios e recursos, o professorado abandone progressivamente o papel de transmissor de informação, substituindo-o pelos papéis de seletor e gestor dos recursos disponíveis, tutor e consultor no esclarecimento de dúvidas, orientador e guia na realização de projetos e mediador de debates e discussões.

NOVAS FINALIDADES

Segundo a Comissão Europeia (1996), o modelo tradicional de emprego – de jornada integral e de duração indefinida no mesmo local de trabalho durante toda a vida – não responde às necessidades de uma produção de bens e serviços baseada no conhecimento.

importante »

No futuro, as pessoas deverão confiar mais em sua qualificação e em suas competências para encontrar trabalho do que na segurança de um emprego fixo.

Lamentavelmente, a evolução do mercado de trabalho parece dar razão à Comissão Europeia. A precariedade no emprego, junto com a competitividade e a mobilidade crescentes dos trabalhadores, auguram mudanças radicais no mercado laboral, nos perfis profissionais e, consequentemente, nos processos de formação.

para refletir !!!

Quais são as competências que, no novo cenário do mercado de trabalho, as pessoas deverão adquirir e desenvolver para poder enfrentar, com garantias de êxito, os processos de mudança e transformação que estão ocorrendo?

De acordo com o projeto *Definição e Seleção de Competências* (DeSeCo) da Organização para a Cooperação e Desenvolvimento Econômico (OCDE), as macrocompetências, competências básicas ou competências-chave que todos os cidadãos deveriam adquirir podem ser agrupadas em três categorias (RYCHEN; SALGANIK, 2001, 2003):

▶ ser capaz de atuar com autonomia – inclui as capacidades de: elaborar e pôr em prática planos de vida e projetos pessoais; defender e afirmar os próprios direitos, interesses, limitações e necessidades; e agir levando em consideração o contexto ou marco mais amplo;

▶ ser capaz de interagir em grupos socialmente heterogêneos – inclui as capacidades de: cooperar; ter um bom relacionamento com os demais; e controlar e resolver conflitos;

▶ ser capaz de utilizar recursos e instrumentos de maneira interativa – inclui a capacidade de utilizar, com flexibilidade, dados, linguagens e textos, especialmente nos meios digitais.

Esta última competência-chave está fortemente relacionada à denominada alfabetização digital (*e-literacy*), mencionada brevemente em um ponto anterior deste capítulo.

definição ▼

Alfabetização digital pode ser definida, de acordo com Gilster (1997), como "a capacidade de compreender e usar a informação em múltiplos formatos e de fontes diversas quando apresentada por meio de computadores".

Monereo e Pozo (2007) assinalam que essas competências precisam ser aplicadas e utilizadas nos quatro grandes cenários sociais nos quais, de modo geral, transcorre o desenvolvimento das pessoas, pelo menos nos países desenvolvidos:

▶ o cenário **educacional**, entendido em um sentido amplo e incluindo tanto as situações e atividades de educação formal e informal quanto a aprendizagem e a formação ao longo da vida;

▶ o cenário **profissional** e **laboral**;

▶ o cenário **comunitário**, tanto o próximo (vizinhança, bairro, cidade, município) quanto o mais afastado (país, região, mundo); e

▶ o cenário **pessoal**, que envolve relacionamentos amorosos, familiares e de amizade.

As pessoas devem adquirir as competências necessárias para enfrentar e resolver as situações e os problemas com os quais se defrontam em cada um desses cenários, que, no juízo dos autores, podem ser de três grandes tipos:

▶ situações e problemas que, por sua natureza e frequência, são prototípicos de cada cenário (por exemplo, fazer uma apresentação no cenário educacional; atender um cliente no cenário profissional; adotar uma postura e exercer o direito de voto no cenário comunitário; respeitar a intimidade e a privacidade das pessoas com as quais se convive no cenário pessoal);

▶ situações e problemas emergentes que, apesar de serem ainda relativamente escassos, podem aumentar significativamente, de acordo com os indícios existentes (por exemplo, a violência escolar; os transtornos alimentares, como anorexia, bulimia ou obesidade; a implantação da administração eletrônica; o vício em TICs e internet e seu impacto sobre as relações familiares e amorosas);

▶ situações ou problemas proativos, no sentido de tentar pôr em evidência e resolver problemas latentes ou procurar chamar a atenção para situações injustas ou pouco satisfatórias (por exemplo, a regulamentação do uso das TICs nos âmbitos escolar e familiar; a necessidade de aplicar medidas de discriminação positiva para as mulheres em determinados meios laborais; o grau de tolerância aceitável diante de determinadas condutas e manifestações religiosas e culturais).

O impacto das TICs sobre o aparecimento dessas necessidades educacionais e a importância das novas competências que precisamos adquirir e desenvolver no marco da SI integram um tema complexo, uma vez que, por um lado, ambos os fatores estão na origem das novas necessidades educacionais e de formação, mas, por outro, parecem destinados a desempenhar um papel decisivo na satisfação dessas mesmas necessidades. De que modo e em que medida são capazes disso, contudo, é algo sobre o que ainda pairam numerosas incertezas.

> **para reflectir !!!**
>
> Como afirma Suarez (2003), nem tudo o que é tecnologicamente viável é pertinente em termos educacionais. Poderíamos acrescentar que nem tudo o que é tecnologicamente viável e pertinente em termos educacionais é realizável em todos os contextos educacionais.

Os estudos realizados até agora evidenciam a dificuldade de implementar usos educacionais das TICs em todos os níveis do sistema, da educação fundamental à educação superior universitária, que realmente representem uma inovação nos métodos de ensino e uma melhoria dos processos e resultados da aprendizagem. Venezky e Davis (2002), por exemplo, mostram como experiências satisfatórias de aplicação das TICs em determinadas escolas são dificilmente transferíveis para outras realidades. Está amplamente documentado, por outro lado (veja, por exemplo, CUBAN, 2003), que escolas dotadas com os últimos avanços em ferramentas, infraestruturas e *softwares* de TICs frequentemente desenvolvem práticas educacionais cujo nível é muito baixo.

É preciso procurar a explicação para tal dificuldade no fato de que tanto as possibilidades que as TICs oferecem para o ensino e a aprendizagem quanto as normas, sugestões e propostas para seu uso pedagógico e didático são sempre e irremediavelmente reinterpretadas e reconstruídas pelos usuários, professores e alunos. Essa reconstrução é feita de acordo com os marcos culturais em que eles se desenvolvem e a dinâmica das atividades que realizam conjuntamente nas escolas e nas salas de aula (COLL; MAURI; ONRUBIA, 2008; COLL; ONRUBIA; MAURI, 2007).

Assim, uma escola, uma equipe docente ou um professor com muitos anos de experiência, sólidas concepções objetivistas e práticas eminentemente transmissivas provavelmente acabará utilizando as TICs para complementar as aulas expositivas com leituras e exercícios autoadministráveis na rede, mas dificilmente as usará para que os estudantes participem de fóruns de discussão, trabalhem de maneira colaborativa ou procurem e contrastem informações diversas sobre um determinado tema. Como já disse McLuhan há meio século: "Em nome do progresso, a cultura estabelecida luta sempre para forçar os novos meios a fazer o trabalho dos antigos".[7]

---

[7] Citado por Horacio C. Reggini em uma entrevista publicada no portal educacional do Estado argentino educ.ar: "Os computadores devem ser considerados como um meio expressivo para a criação: essa foi a essência de Logo" (http://coleccion.educ.ar/CDInstitucional/contenido/entrevistas/horacio_reggini.html).

para refletir !!!

O segredo não está em comparar o ensino baseado nas TICs com o ensino presencial, tentando estabelecer as vantagens e os inconvenientes de um e outro, mas em pesquisar como podemos utilizar as TICs para promover a aquisição e o desenvolvimento das competências que as pessoas precisam ter na "era do conhecimento" (SCARDAMALIA, 2004).

LINHAS EMERGENTES E SEUS DESAFIOS

A psicologia da educação, como disciplina que estuda as mudanças psicológicas que ocorrem nas pessoas em consequência de sua participação em situações e atividades educacionais, deve colocar em um lugar privilegiado de sua agenda o estudo das mudanças provocadas pelas situações educacionais baseadas total ou parcialmente no uso das TICs. Isso supõe a adoção de um olhar duplo.

Em primeiro lugar, um olhar sobre **a natureza das mudanças que podem ocorrer nos atores educacionais, especialmente alunos e professores, e em suas formas de interação**. Mais concretamente, trata-se de analisar o que muda (os discursos, as representações, as práticas, os processos, os resultados, etc.). Trata-se, também, de saber como acontecem essas mudanças e se elas têm características diferentes daquelas que ocorrem em situações e atividades educacionais nas quais as TICs não estão presentes. Por fim, é claro, trata-se de analisar qual é o sentido das mudanças e se elas são generalizáveis e transferíveis para outros contextos e situações de ensino e aprendizagem.

Em segundo lugar, um olhar sobre **as características e qualidades das situações educacionais que podem induzir essas mudanças**, ou seja, sobre os diversos tipos de contextos e ambientes nos quais são utilizadas atividades e práticas educacionais baseadas total ou parcialmente no uso das TICs.

Basta uma rápida consulta aos trabalhos apresentados nos congressos das principais associações internacionais de pesquisa educacional – a *European Association for Research on Learning and Instruction* (EARLI), na Europa, e a *American Educational Research Association* (AERA), nos Estados Unidos – para perceber que, de fato, os esforços dos pesquisadores estão se orientando, há alguns anos, em ambas as direções. Independentemente dessa constatação, contudo, falta certa visão em perspectiva sobre qual pode ser o horizonte da pesquisa educacional neste âmbito durante a próxima década.

Mesmo correndo o risco de errar, dada a rapidez com que ocorrem as mudanças e transformações na SI em geral e nas TICs em particular, pensamos que existem alguns eixos básicos de desenvolvimento que permitem especular, novamente, sobre as ferramentas, os cenários e as finalidades em torno dos quais se desenvolverá boa parte da pesquisa psicológica centrada no uso educacional das TICs ao longo da próxima década.

FERRAMENTAS PREVISÍVEIS: DA *WEB* 1.0 À *WEB* 3.0

Desde o aparecimento da internet tal como a conhecemos atualmente, com a construção e a implantação do primeiro navegador e do primeiro servidor *web* em 1991, no CERN de Genebra, pela mão de Tim Berners-Lee,[8] passaram-se apenas duas décadas, durante as quais a rede de redes experimentou um desenvolvimento espetacular. Situa-se já distante o impacto provocado pelo *Netscape*, o primeiro navegador de massa, e pelos aplicativos que permitiam baixar da rede arquivos de texto, de música, imagens e, posteriormente, vídeos.

definição

A forma de conceber a internet como um imenso repositório de conteúdo ao qual os usuários podem ter acesso para procurar e baixar arquivos corresponde, por assim dizer, à infância da rede e tem sido denominada Web 1.0 ou fase Pontocom.

O paralelismo da *Web* 1.0 com o que poderíamos chamar de visão tradicional da educação e uma postura transmissivo-receptiva do ensino e da aprendizagem é evidente:

existe um **administrador** (o *webmaster* em um caso, o professor no outro), que é quem determina o que, quando e como são os conteúdos que os usuários podem acessar;

os **usuários** (os internautas em um caso, os alunos no outro), por sua vez, limitam-se a ler, seguir as instruções e baixar arquivos de um lugar estático que se atualiza com determinada periodicidade.

---

[8] Informações sobre Tim Berners-Lee estão disponíveis em: https://pt.wikipedia.org/wiki/Tim_Berners-Lee

Um dos carros-chefe da Web 1.0 foi o acesso em rede à *Enciclopædia Britannica*.[9] O declínio desse período coincide com o auge e o posterior fechamento de um programa emblemático para toda uma geração, o *Napster*, primeiro sistema de distribuição de arquivos de popularidade massiva.[10]

O Napster, surgido em 1999, oferecia a possibilidade de compartilhar todo tipo de arquivo (especialmente de música) com outros usuários, funcionando, de fato, como um buscador e utilizando um servidor principal para hospedar a lista de usuários conectados e seus respectivos arquivos compartilhados. O *programa* atingiu sua máxima popularidade em 2001, com mais de 26 milhões de usuários, mas, nesse mesmo ano, um juiz ordenou seu fechamento em consequência de uma denúncia por violação de direitos autorais interposta por várias gravadoras. A filosofia que estava na origem do *Napster*, contudo, sobreviveu e foi incorporada às propostas da nova fase da internet, aquela em que estamos hoje, conhecida como Web 2.0 ou Web Social.

A expressão Web 2.0 começou a ser utilizada a partir de 2001, por autores como T. O'Reilly (2005). Se a Web 1.0 pode ser entendida como a infância da internet, poderíamos dizer, prosseguindo com a metáfora, que com a Web 2.0 a internet chega à puberdade. A rede não é mais apenas um espaço ao qual ir para procurar e baixar informação e todo tipo de arquivo; indo além disso, ela começa a incorporar e coordenar informação proveniente das mais diversas fontes, como peças de um enorme quebra-cabeça, relacionando dados e pessoas e facilitando uma aprendizagem mais significativa por parte do usuário.

definição ▼

Mash-up é a mistura de recursos e conteúdos com a finalidade de construir ambientes mais ajustados às necessidades e aos desejos de um usuário ou de um grupo de usuários.

Na Web 2.0, o *mash-up* passa a ser uma estratégia habitual de uso da internet. O *software* "se abre" (*open software*)* e se liberta (*free software*), e os usuários passam a ser os verdadeiros protagonistas de seu próprio crescimento e sofisticação. Diante da

---

9 Informações sobre a enciclopédia estão disponíveis em: http://www.britannica.com
10 Saiba mais sobre o Napster em: https://pt.wikipedia.org/wiki/Napster
* N. de R. T.: Uma vez que um *software* é um objeto intangível, diz-se que "se abre" no sentido de extrair sua lógica de programação. O código "aberto" é denominado *open source*, uma iniciativa da Open SourceTM, e refere-se ao *software* também chamado de livre, que respeita as liberdades definidas pela Free Software Foundation. A diferença entre ambos é de discurso: o *open source* refere-se a um ponto de vista técnico, enquanto o *software* livre fundamenta-se em questões éticas. Ambos os movimentos se complementam para agregar conhecimento à tecnologia por meio da cooperação para depuração coletiva.

prestigiosa, embora fechada, *Britannica Online*,[11] nasce a *Wikipédia*,[12] que se alimenta das definições e artigos de seus usuários, contribuições estas que são depuradas e corrigidas por meio de diversos mecanismos, para evitar erros e vandalismo informático.

Basicamente, a *Web* 2.0 pretende substituir a mesa de nosso computador. Por meio da utilização de protocolos padronizados, graças a linguagens como XML ou AJAX, qualquer usuário pode utilizar o conteúdo de uma página *web* em outro contexto e acrescentar aplicações específicas em uma página pessoal (por exemplo, criando páginas híbridas com informação própria e acrescentando um aplicativo de estradas e uma agenda que ele pegou em outro lugar).

A anexação de conteúdo alheio denomina-se sindicação de conteúdos. Junto com essa potencialidade, existe outro mecanismo tão simples quanto poderoso, a *folksonomia*. A *folksonomia* está na base de serviços e aplicativos tão conhecidos e populares como o *del.icio.us*[13] e é uma utilidade que, assim como a sindicação de conteúdos, atualmente está incorporada à maioria dos *blogs* e *wikis* – outras ferramentas típicas da *Web* 2.0 – e a cada vez mais páginas *web*.

definição ▼

Folksonomia é o termo utilizado para referir-se à organização colaborativa da informação em categorias a partir de uma série de etiquetas ou palavras-chave (*tags*) propostas pelos próprios usuários. A ideia básica é que o resultado final, a classificação da informação resultante das *tags* atribuídas pelo conjunto dos usuários, será melhor e mais útil do que qualquer uma das classificações individuais e, evidentemente, do que qualquer classificação taxonômica predeterminada.

A *Web* 2.0 ainda está em plena expansão e é difícil aventurar quais serão seus limites (veja, por exemplo, ANDERSON, 2007; COBO ROMANÍ; PARDO KUKLINSKI, 2007; FRANKLIN; HARMELEN, 2007). Em qualquer caso, ao colocar o destaque nos aplicativos, utilidades e serviços que permitem ao usuário criar e difundir seus próprios conteúdos, além de trocar, compartilhar e reutilizar os conteúdos criados por si e por

---

11 Disponível em: www.britannica.co.uk
12 Disponível em: http://pt.wikipedia.org/
13 Disponível em: http://delicious.com/

outros usuários, a *Web* 2.0 abre perspectivas de sumo interesse para o desenvolvimento de propostas pedagógicas e didáticas baseadas em dinâmicas de colaboração e cooperação.

É lógico, portanto, que boa parte das 20 ferramentas mais valorizadas da edição de 2008 do Diretório de Ferramentas para a Aprendizagem, elaborada pelo *Centre for Learning & Performance Technologies* (conforme mostra a Quadro 1.3), participe da filosofia e das ideias que estão por trás da *Web* 2.0. Essa filosofia atualmente impregna, além disso, a maioria das propostas tecnológicas e pedagógicas centradas no uso das TICs.

Contudo, algumas vozes autorizadas, como a do próprio Berners-Lee, já estão anunciando uma nova etapa no desenvolvimento da internet, a da *Web* 3.0 ou *Web* Semântica. A *Web* Semântica é uma visão da internet cuja proposta é que a informação possa ser compreensível – e não apenas localizável e acessível – para os computadores. A finalidade disso é que eles possam realizar exatamente as mesmas tarefas que os humanos e não se limitem apenas, como realmente fazem agora, a armazenar, buscar, encontrar, processar, combinar e transferir informação.

> Tenho um sonho da *web* [no qual os computadores] são capazes de analisar todos os dados da *web* – o conteúdo, os *links* e as trocas entre pessoas e computadores. Uma *Web* Semântica, que seria então possível, ainda tem que surgir, mas, quando isso acontecer, os procedimentos comerciais, burocráticos e nossas vidas cotidianas serão administrados por máquinas que falarão com outras máquinas. Os "agentes inteligentes" que as pessoas vêm apregoando desde tempos ancestrais finalmente irão se materializar. (BERNERS-LEE, 1999).[14]

Para além dessa descrição visionária, a *Web* 3.0 se anuncia como uma base de dados global capaz de proporcionar recomendações personalizadas para os usuários diante de perguntas como:

▶ A partir de minhas características psicológicas, físicas, culturais, orçamentárias, etc., o que eu deveria visitar nesta cidade?

▶ Em que curso de pós-graduação seria conveniente que eu me matriculasse no ano que vem?

▶ Que tipo de plano de aposentadoria eu deveria contratar?

---

14 Citado em http://en.wikipedia.org/wiki/Semantic_Web

A *Web* Semântica ainda é uma ideia experimental que conta com alguns protótipos, como *Friend of a Friend* (FOAF),[15] *Powerset*[16] ou *Hakia*,[17] para mencionar apenas três projetos muito diferentes entre si, mas igualmente interessantes quanto às perspectivas de futuro para as quais apontam.

O Quadro 1.5, na página 38, compara as diferentes etapas da *web* mostradas até aqui.

CENÁRIOS EDUCACIONAIS PROVÁVEIS: EDUCAÇÃO SEM PAREDES

A evolução da internet ao longo de suas escassas duas décadas de existência e especialmente a subjacente visão das TICs às propostas da *Web* 2.0 abrem perspectivas inéditas do ponto de vista dos contextos de desenvolvimento e dos cenários educacionais, ao mesmo tempo que apresentam novos desafios para a educação formal e escolar.

A educação escolar deve servir para dar sentido ao mundo que rodeia os alunos, para ensiná-los a interagir com ele e a resolver os problemas que lhes são apresentados. Nesse contexto, as TICs são onipresentes. A exigência de que as TICs estejam presentes nas escolas, portanto, não suscita qualquer dúvida. A questão é, na verdade, como assinala Brunner (2000), a extensão e o sentido dessa presença. Não é a mesma coisa considerá-las como uma fonte de informação, como um laboratório no qual experimentar a manipulação de variáveis ou como uma ferramenta

---

15 O projeto FOAF tem como objetivo criar uma rede de computadores capazes de ler páginas que descrevem pessoas, as relações que existem entre elas e o que elas criam ou fazem. Após o fornecimento de uma descrição rápida das coordenadas de uma pessoa – o nome, o endereço eletrônico e uma lista de amigos –, é ativado um motor de busca automatizado que tenta descobrir informações sobre ela, explorando os lugares e as comunidades a que ela pertence ou em que ela é mencionada. A finalidade última do projeto é, a partir da informação gerada, possibilitar a procura de pessoas com interesses semelhantes, a constituição de comunidades virtuais sobre projetos comuns, a realização de weblogs com artigos e opiniões afins, a composição de clubes de lazer nos quais os membros sejam confiáveis, etc. Mais informações sobre o projeto estão disponíveis em: www.foaf-project.org/

16 A finalidade última do projeto Powerset é mudar a maneira pela qual as pessoas interagem com a tecnologia, fazendo os computadores compreenderem nossa linguagem. O primeiro produto do Powerset, disponível desde maio de 2008 (http://www.powerset.com/), é uma ferramenta construída para melhorar e enriquecer a busca, a exploração e a navegação pelos conteúdos da Wikipédia a partir de palavras-chave, frases ou perguntas formuladas pelo usuário, proporcionando como resultado uma síntese de informações extraídas de todos os artigos relevantes.

17 Hakia é um buscador que utiliza uma tecnologia de busca "semântica" baseada na comparação e no contraste de significados e conceitos. Disponível em: http://company.hakia.com/

QUADRO 1.5 ▸ COMPARAÇÃO ENTRE A *WEB* 1.0, A *WEB* 2.0 E A *WEB* 3.0

	WEB 1.0	WEB 2.0	WEB 3.0
LINGUAGEM	HTML*	XML-AJAX**	OWL***
Programas emblemáticos	Netscape Napster	Mozilla Google Moodle	
Metáfora	"Pontocom"	Quebra-cabeça	Sistema nervoso
Descrição	Rede de documentos	Rede social	Rede semântica
Função principal	Repositório de informação estática (com possibilidade de enlaces hipermidiais)	Criação e difusão de informação dinâmica (continuamente atualizável e combinável)	Respostas e informações personalizadas a partir de perguntas e buscas
Usuários e papéis	Usuários humanos. Basicamente, o professor seleciona e administra a informação. Basicamente, os alunos têm acesso à informação e a consultam.	Usuários humanos. O professor e os alunos selecionam, administram e trocam informação, estabelecendo dinâmicas de colaboração e cooperação.	Usuários humanos e agentes artificiais. O professor e os alunos são consumidores e produtores. O computador seleciona e assessora.
Produtos típicos	Britannica Online Ofoto Mp3.com Páginas *web* pessoais Sistemas de gestão de conteúdos Diretórios (taxonomias)	Wikipédia Flickr *Blogs* pessoais *Wikis* *Folksonomias*	FOAF Powerset Hakia Todos estão em fase experimental.

* **HTML** *(HyperText Markup Language)*: Linguagem desenvolvida para estruturar textos e apresentá-los em forma de hipertexto. É o formato-padrão das páginas *web*. Uma linguagem de marcação é uma forma de codificar um documento que, juntamente com o texto, incorpora *tags* ou marcas que contêm informação adicional sobre a estrutura do texto ou sua apresentação.

** **AJAX** *(Asynchronous JavaScript and XML)*: É uma técnica de desenvolvimento *web* para criar aplicações interativas. Essas aplicações são executadas no navegador do usuário e mantêm uma comunicação assíncrona com o servidor em segundo plano. Dessa forma, é possível realizar mudanças na própria página sem a necessidade de recarregá-la. Isso permite aumentar e melhorar a interatividade, a velocidade e a usabilidade.

*** **OWL** *(Web Ontology Language)*: É uma linguagem baseada em uma ontologia, ou seja, em um conjunto de termos precisos utilizados para definir e representar conhecimentos específicos em um determinado domínio. A precisão e a homogeneização desses termos pode permitir que uma pessoa ou um programa informático reconheça e compartilhe um determinado significado.

para construir conhecimento por meio da interação social. Também não é igual pensar no computador como um instrumento educacional, totalmente incorporado aos afazeres cotidianos de professores e alunos, e pensar nele como um passatempo à margem da atividade escolar.

importante >>

Os novos cenários educacionais que se abrem aos nossos olhos – lembre-se do que comentamos acerca do caráter ubíquo dos computadores, das tecnologias móveis e do *m-learning* – questionam em que ponto exatamente começa e termina a ação de escolas e professores.

Nos novos cenários educacionais, as paredes dos estabelecimentos escolares tendem a tornar-se difusas, e, no futuro, os processos educacionais deverão ocorrer onde existirem tecnologias disponíveis e adequadas para a mediação entre aprendizes, professores e conteúdos. Nesse sentido, tudo aponta na direção de que podem acabar surgindo três cenários paralelos e claramente interdependentes.

> ▶ 1º cenário: salas de aula e escolas cada vez mais "virtualizadas", ou seja, com mais e melhores infraestruturas e equipamentos de TICs e com projetos pedagógicos e didáticos que tentarão aproveitar as potencialidades dessas tecnologias para o ensino e a aprendizagem.

> ▶ 2º cenário: expansão das salas de aula e das escolas para outros espaços (bibliotecas, museus, centros culturais, etc.) nos quais será possível realizar, com o apoio das TICs, atividades e práticas com finalidades claramente educacionais – provavelmente seja este o cenário que terá um maior desenvolvimento em um futuro próximo, como consequência do impacto das ferramentas e aplicativos próprios da *Web 2.0* (*weblogs*, *wikis*, *webquests*, portfólios virtuais, *folksonomias*, etc.).

> ▶ 3º cenário: um cenário global e onipresente, uma espécie de "megaescola" na qual a ubiquidade das TICs e o desenvolvimento das tecnologias móveis e das redes sem fio tornarão possível o aprendizado em praticamente qualquer lugar e situação.

Nesses três cenários – e em razão tanto das concepções epistemológicas sobre o ensino e a aprendizagem mantidas pelos atores quanto das finalidades educacionais consideradas como prioritárias em cada caso e das dinâmicas concretas que forem estabelecidas –, acabarão sendo definidos os usos efetivos que professores e alunos, ou agentes educacionais e aprendizes, farão, finalmente, das TICs. Adotando um olhar estritamente descritivo, vamos destacar a existência de usos das TICs fortemente contrastantes entre si em função dos elementos ou ingredientes dos processos educacionais e instrucionais que focalizam:

> ▶ usos centrados nos **conhecimentos** e na **atividade autônoma e autorregulada dos alunos** (atividades de indagação, exploração, experimentação, descobrimento, etc.);

> ▶ usos centrados na **apresentação, organização e exploração dos conteúdos da aprendizagem** (leituras, glossários, esquemas, mapas conceituais, simulações, etc.);

> ▶ usos centrados na **apresentação e transmissão de informação pelo professor ou por especialistas** (apresentações, demonstrações, conferências, videoconferências, etc.);

> ▶ usos centrados na **interação e comunicação entre os participantes, professor e alunos** (fóruns, *chats*, análises colaborativas de casos, resoluções colaborativas de problemas, desenvolvimento de projetos em grupo, etc.).

FINALIDADES POTENCIAIS: ENTRE O NEOLIBERALISMO E OS MOVIMENTOS SOCIAIS

Ao falarmos das finalidades da educação escolar, não devemos esquecer que os sistemas educacionais, a partir da segunda metade do século XIX, assentaram-se, em todos os países, sobre a ideia de Estados-Nação como construções políticas, sociais e culturais relativamente homogêneas. Nesse marco, as escolas tinham como função principal ensinar conteúdos estáveis, perduráveis, institucionalizados, necessários para o cultivo de um "bom" cidadão em um determinado Estado Nacional.

> **importante >>**
>
> Na concepção da função escolar de formar um "bom" cidadão em um Estado Nacional, a missão do docente consistia, justamente, em garantir a transmissão dos valores e das formas culturais dessa comunidade idealizada que é a Nação para as novas gerações. No entanto, a uniformidade e a homogeneidade cultural deixaram de ser, em grande medida, traços distintivos dos Estados-Nação – se é que alguma vez chegaram a sê-lo realmente –, o que gera várias incertezas e ambiguidades quanto às finalidades da educação escolar no mundo atual.

As TICs e a internet não apenas têm uma importante parcela de responsabilidade na dúvida acerca da finalidade da educação escolar como estão, com muita frequência, no centro do debate. Assim, por exemplo, em alguns círculos, são cultivadas posturas – as quais não hesitamos em qualificar como maniqueístas e pouco realistas – que apresentam as escolas como instituições obsoletas que concentram todos os males, e as TICs e a internet como o remédio capaz de acabar com esses males e refundar a instituição escolar. Com as TICs, seria possível, finalmente, fazer o "mundo real" entrar nas salas de aula e nas escolas e basear a aprendizagem dos alunos na indagação e na criatividade.

Por trás dessas posturas, frequentemente se escondem, em nosso juízo, os interesses de grupos econômicos que aspiram à criação de novos consumidores e à usurpação, de passagem, do poder que, embora enfraquecido, continuam tendo os sistemas de educação formal. Avivando sentimentos de incompetência e desesperança entre o professorado, os alunos e suas famílias, esses grupos esperam, à espreita, que as escolas adotem "soluções externas", alheias às finalidades da educação escolar, sem perguntar-se sobre o sentido e o alcance dessas opções.

Outra frente de debate são as diversas "brechas digitais",[18] as distâncias que, como já comentamos na primeira seção deste capítulo, surgem na SI entre os "inforricos" e os "infopobres", entre os países e os setores da população que têm acesso a um uso construtivo, enriquecedor e criativo das TICs e aqueles que não têm acesso a elas ou que as acessam apenas como consumidores.

---

18 Em geral, o termo refere-se à marginalização que sofrem os países pobres em relação aos ricos ou desenvolvidos; contudo, também se fala em brechas entre gerações (marginalização dos idosos), relativas a gênero (marginalização das mulheres), culturais (marginalização das pessoas com baixo nível de estudo), idiomáticas (marginalização dos usuários não anglófonos), etc. Existe uma página na web especializada nesse tema: http://www.labrechadigital.org

Às duas questões mencionadas, seria necessário acrescentar ainda as críticas que, às vezes, são dirigidas às TICs e à internet por seus efeitos colaterais negativos para a educação, o ensino e o aprendizado. Haythornthwaite e Nielsen (2007) resumiram essas críticas nos seguintes pontos:

- promovem uma comunicação de baixa qualidade, basicamente apoiada em textos escritos;

- restringem as comunicações emocionais, complexas e expressivas;

- potencializam as relações sociais superficiais e, às vezes, favorecem a irresponsabilidade e a falta de compromisso;

- permitem a agressão verbal, o insulto e os diversos "ismos" (racismo, sexismo, etc.);

- favorecem o abandono das relações locais; e

- tendem a propagar e reforçar um saber mais instável, profano e mundano (infoxicação).

para refletir !!!

Diante do estado de coisas apresentado até aqui, quais finalidades e atitudes educacionais precisariam ser promovidas?

De modo necessariamente esquemático, a seguir serão apresentados alguns desafios especialmente urgentes, segundo o nosso critério, das TICs em geral e da internet em particular, do ponto de vista das finalidades da educação escolar, assim como algumas vias para abordá-los.

a. Com relação ao descrédito da escola como instituição legitimada para conservar, criar e transmitir o conhecimento e à proposta de substituí-la por ambientes e professores virtuais por meio do uso generalizado das TICs.

Parece pouco controversa a constatação de que parte da crise das instituições educacionais tradicionais obedece a sua perda de poder e influência social, especialmente nos níveis do ensino não universitário. Por um lado, a rejeição aos modos tradicionais e autoritários de exercer a autoridade, opostos aos modos próprios das sociedades democráticas, e, por outro, as facilidades de acesso à informação e ao conhecimento fora das escolas, sem intervenção direta do professorado, causaram forte erosão à tradicional relação assimétrica que governava as relações entre docentes e discentes. Essa erosão está, em grande medida, na origem das vozes que apregoam a obsolescência da escola e da ação docente do professorado, bem como a conveniência de substituí-las por aulas e professores virtuais.

Contudo, como já argumentamos anteriormente (MONEREO, 2005), essas propostas são – além de ofensivas para um setor profissional que ainda tem o conceito de "vocação" como traço distintivo – inaceitáveis, devido, pelo menos, aos seguintes motivos:

- as escolas e os professores continuam sendo, por enquanto, os depositários da cultura e os únicos que podem transmiti-la para as novas gerações em condições de confiabilidade e significatividade;

- alguns aprendizados adquiridos nas escolas – como aprender a falar, a ler e a escrever – são fundamentais para alguém chegar a ser um usuário competente das TICs; e

- como já assinalamos, as informações que estão na internet precisam, com frequência, ser filtradas, ordenadas, selecionadas e contextualizadas para que possam ser assimiladas e transformadas em conhecimento pelos aprendizes; ao menos por enquanto, quem melhor realiza essa tarefa são os professores.

b. Com relação à falta de compromisso pessoal e social que, segundo se afirma, as TICs e a internet, às vezes, têm como efeito colateral.

Há, por um lado, a possibilidade de utilizar as TICs e a internet como uma "tecnologia persuasiva" – *captology** –, ou seja, como uma tecnologia suscetível de influenciar os usuários com a finalidade de ganhá-los para uma causa determinada e, em princípio, nobre (FOGG, 2002).[19] Por outro lado, há a existência de movimentos sociais de todo tipo que concentram boa parte de suas atividades na internet (campanhas de sensibilização, convocatórias para comícios e manifestações, abaixo-assinados, etc.),

---

* N. de R. T.: Termo derivado do acrônimo de *Computers As Persuasive Technologies*, CAPT. Fonte: *Persuasive technology: using computers to change what we think and do*. B. J. Fogg. Morgan Kaufmann, 2003.

19 Para saber mais sobre captology, ver também o site do Stanford University Persuasive Technology Lab: http://captology.stanford.edu/

conseguindo, frequentemente, um forte compromisso dos participantes e atingindo seus objetivos (DOMÉNECH; TIRADO; VAYREDA, 2005).

c. Com relação aos riscos de que as TICs e a internet favoreçam o isolamento, potencializem o *flaming*[20] e permitam esconder, manipular ou usurpar identidades.

Não há dúvida de que as narrativas do plano social e da própria identidade também sejam construídas pela rede. Por meio das trocas com os demais, mas também por meio de seu comportamento como aprendiz, consumidor, produtor de documentos, etc., o usuário adquire uma reputação que lhe permite entrar em determinados espaços exclusivos (listas de discussão), ser considerado confiável como comprador, ter determinados privilégios e preferências de acesso em certas comunidades, etc.

importante >>

É preciso reconhecer que a possibilidade de fabular e inventar uma "personalidade virtual" ou construir identidades falsas é fácil e até mesmo frequente na internet (WALLACE, 2001). Com a chegada da *Web* 3.0 e dos aplicativos capazes de seguir as pistas de um usuário por seus endereços de correio eletrônico, contudo, as táticas de camuflagem serão cada vez mais dificultadas.

Já começam a proliferar na internet medidas específicas destinadas a fazer as interações entre usuários resultarem mais adequadas e satisfatórias, por exemplo:

- o estabelecimento de regras e princípios de atuação por parte de administradores e moderadores, que devem ser respeitados por todos os participantes, sob ameaça de expulsão em caso de não cumprimento;

- o estabelecimento das denominadas "netiquetas", os protocolos de conduta; e

- as famosas *frequently asked questions* (FAQ).

Todas essas medidas têm como finalidade potencializar uma comunicação fluida e um tratamento correto e agradável nas interações que ocorrem na internet. Não faltam, contudo, vozes que advertem sobre o perigo de que uma excessiva regulamentação impeça a controvérsia e acabe ameaçando a pluralidade.

---

20 O termo é utilizado para designar a prática de enviar mensagens hostis, agressivas ou ofensivas.

d. Com relação às consequências negativas derivadas do excesso de informação e aos perigos da "infoxicação".

Também neste aspecto estão sendo realizados esforços importantes orientados a formar os alunos como buscadores "estratégicos" de informação, com a finalidade de que possam discriminar entre a informação verídica, genuína e rigorosa e a informação errônea, simplista ou mal-intencionada. Além disso, uma vez que a sobrecarga e a circulação de informações incorretas, tendenciosas ou mal-intencionadas são fenômenos inevitáveis na SI, a implementação de programas formativos que facilitem, por parte dos usuários, a aquisição e o desenvolvimento das competências necessárias para enfrentá-los é a única linha de ação razoável.

e. Com relação às "brechas digitais" e ao aparecimento de novas fraturas sociais em torno das TICs.

O aparecimento de novos mecanismos de segregação e exclusão social em torno do acesso às TICs e, sobretudo, de seu uso é um fato incontestável que afeta, em todos os países do mundo, setores da população muito definidos (pessoas com baixo nível de renda e sem estudos ou com estudos básicos; idosos; imigrantes; portadores de deficiências físicas; etc.). Também é um fato a distância que separa os países desenvolvidos dos países em vias de desenvolvimento no que concerne ao acesso às TICs e a seu uso.

Felizmente, a sensibilização dos governos, das instâncias internacionais e das grandes corporações diante dos problemas provocados pelas "brechas digitais" é cada vez maior, e tudo leva a prever que, no que se refere especificamente ao acesso às TICs, as distâncias entre países e setores da população devam diminuir progressivamente. Entre as razões para isso está o fato de que, como se sabe, a internet já é, e será cada vez mais, uma importante via de acesso ao consumo de todo tipo de mercadoria e serviço; portanto, ao facilitar o acesso a ela, facilita-se o acesso ao consumo, ampliando-se, assim, o mercado.

Mais dificuldades traz, sem dúvida, a superação das brechas digitais no concernente aos usos das TICs. Conseguir que, uma vez alcançado o acesso às TICs, todos os setores da população possam fazer um uso enriquecedor, construtivo e criativo dessas tecnologias é o verdadeiro e complexo desafio que enfrentamos atualmente. Mais uma vez, a educação formal e escolar, a única instituição das sociedades modernas capaz de chegar ao conjunto da população sem discriminações de nenhum tipo, é o melhor instrumento para atingir esse objetivo.

As TICs em geral e a internet em particular proporcionam uma excelente oportunidade para saltar em direção a uma educação de mais qualidade, baseada em princípios de solidariedade e igualdade. Contudo, se esse salto não for bem dimensionado, se não partirmos das diferentes realidades sociais e educacionais, com suas conquistas e suas carências, poderemos acabar dando um salto no vazio, e o avanço educacional esperado poderá não passar de mais uma operação econômica e comercial.

Será preciso fazer um esforço importante para, como já preconizou Edgar Morin em 1981, clarificar o que queremos. É imprescindível conservar a educação que temos, ponderar o que realmente precisamos criar ou inventar para que a educação chegue a ser efetivamente universal e libertadora e, também, decidir o que podemos – e talvez devamos – abandonar.

para saber +

SALVADOR, C. C.; MONEREO, C. **Psicologia da educação virtual**: aprender e ensinar com as tecnologias da informação e da comunicação. Porto Alegre: Artmed, 2010.

REFERÊNCIAS

ADELL, J. Tendencias en educación en la sociedad de las tecnologías de la información. *Revista Electrónica de Tecnología Educativa*, v. 7, 1997. Disponível em: <http://www.uib.es/depart/gte/edutec-e/revelec7/revelec7.html>. Acesso em: 31 jul. 2008.

ANDERSON, P. What is Web 2.0? Ideas, technologies and implications for education. *JISC Technology and Standards Watch*, 2007. Disponível em: <http://www.jisc.ac.uk/whatwedo/services/services_techwatch/techwatch/techwatch_ic_reports2005_published.aspx>. Acesso em: 08 out. 2007.

BAUTISTA, A. (Coord.). *Las nuevas tecnologías en la enseñanza: temas para el usuario*. Madrid: Akal, 2004.

BRAVO, J.; HERVÁS, R.; CHAVIRA, G. Ubiquitous computing in the classroom: an approach through identification process. *Journal of Universal Computer Science*, v. 11, n. 9, p. 1494-1504, 2005. Disponível em: <http://www.jucs.org/jucs_11_9/ubiquitous_computing_in_the/jucs_11_9_1494_1504_jbravo.pdf>. Acesso em: 22 dez. 2007.

BRUNNER, J. J. *Educación: escenarios de futuro: nuevas tecnologías y sociedad de la información*. [S. l: s. n.], 2000. Documento n.16, Programa de Promoción de la Reforma

Educativa en América Latina y el Caribe. Disponível em: <http://www.preal.org/Biblioteca.asp?Id_Carpeta=63&Camino=63|Preal Publicaciones>. Acesso em: 3 ago. 2008.

CASTELLS, M. *La era de la información*: la sociedad red. 2. ed. Madrid: Alianza, 2000. v. 1.

CASTELLS, M. *La galaxia Internet*. Barcelona: Areté, 2001.

CEBRIÁN, J. L. *La red: cómo cambiarán nuestras vidas los nuevos medios de comunicación*. Madrid: Santillana/Taurus, 1998.

CENTRE FOR LEARNING & PERFORMANCE TECHNOLOGIES. *Directory of Learning & Performance Tools & Services*. [S. l: s. n], c2016. Disponível em: <http://c4lpt.co.uk/directory/>. Acesso em: 06 jan. 2016.

COBO ROMANÍ, C.; PARDO KUKLINSKI, H. *Planeta Web 2.0: inteligencia colectiva o medios fast food*. Barcelona: [s. n], 2007. Disponível em: <http://www.planetaweb2.net>. Acesso em: 08 out. 2007.

COLE, M.; ENGESTRÖM, Y. Enfoque histórico-cultural de la cognición distribuida. In: SALOMON, G.(Ed.). *Consideraciones psicológicas y educativas*. Buenos Aires: Amorrortu, 1993. p. 23-74.

COLL, C. Tecnologías de la información y la comunicación y prácticas educativas. In: COLL, C. (Coord.). *Psicología de la Educación*. Barcelona: UOC, 2003.

COLL, C.; MARTÍ, E. La educación escolar ante las nuevas tecnologías de la información y la comunicación. In: COLL, C.; PALACIOS, J.; MARCHESI, A. (Comp.). *Desarrollo psicológico y educación 2: psicología de la educación escolar*. Madrid: Alianza, 2001. p. 623-651.

COLL, C.; MAURI, T.; ONRUBIA. J. *El análisis de los usos reales de las TIC en contextos educativos formales: una aproximación socio-cultural*. Revista Electrónica de Investigación Educativa – REDIE, v. 10, n. 1, 2008.

COLL, C.; ONRUBIA, J.; MAURI, T. Tecnología y prácticas pedagógicas: las TIC como instrumentos de mediación de la actividad conjunta de profesores y estudiantes. *Anuario de Psicología*, v. 38, n. 3, p. 377-400, 2007.

COMISIÓN EUROPEA. *Libro verde: vivir y trabajar en la sociedad de la información: prioridad para las personas*. Bruselas: Comisión Europea, 1996. Disponível em: <http://foroconsumo.cepymev.es/archivos/libros%20verdes/sociedad%20de%20la%20informaci%F3n.pdf>. Acesso em: 22 dez. 2007.

CUBAN, L. *Oversold and underused: computers in the classroom*. Cambridge: Harvard University, 2001.

DE KERCKHOVE, D. *Los sesgos de la electricidad*. Barcelona: UOC, 2005. Disponível em: <http://www.uoc.edu/inaugural05/esp/kerckhove.pdf>. Acesso em: 14 dez. 2007.

DOMÈNECH, M.; TIRADO, F.; VAYREDA, A. Aprender a participar en la vida pública a través de Internet. In: MONEREO, C. (Coord.). *Internet y competencias básicas*. Barcelona: Graó, 2005. p. 117-142.

ECHEVARRÍA, J. *Los Señores del Aire: Telépolis y el Tercer Entorno*. Barcelona: Destino, 1999.

ELLERMAN, E. *The Internet in context*. In: GACKENBACH, J. (Ed.). *Psychology and the Internet*. San Diego: Elsevier, 2007. p. 11-33.

FERRÉS, J. Educar en una cultura de l'espectacle. *Temps d'Educació*, v. 21, p. 285-295, 1999.

FRANKLIN, T.; HARMELEN, M. V. *Web 2.0 for Content for Learning and Teaching in Higher Education*. Joint Information Systems Committee (JISC), 2007. Disponível em: <http://www.jisc.ac.uk/media/documents/programmes/digitalrepositories/web2-content-learning-and-teaching.pdf>. Acesso em: 8 out. 2007.

FOGG, B, J. *Persuasive technology: using computers to change what we think and do*. San Diego: Morgan Kaufmann/Elsevier, 2002.

GILSTER, P. *Digital literacy*. New York: John Wiley, 1997.

HAYTHORNTHWAITE; NIELSEN. *Revisiting computer-mediated communication for work, community and learning*. In: GACKENBACH, J. (Ed.). *Psychology and the Internet*. San Diego: Elsevier, 2007. p. 167-185.

KAPTELININ, V. *Activity theory and HCI*. [S. l.: s. n], 2002. Disponível em: <http://www.nada.kth.se/kurser/kth/2D5339/oldversions/fall2002/Kaptelinin-2002.ppt>. Acesso em 31 jul. 2008.

MARTÍNEZ, F.; SOLANO, I. M. El proceso comunicativo en situaciones virtuales. In: MARTÍNEZ, F. (Comp.). *Redes de formación en la enseñanza: las nuevas perspectivas del trabajo cooperativo*. Barcelona: Paidós, 2003. p. 13-29.

MITTLEMAN, D.; BRIGGS, B. Communication technology for teams: electronic collaboration. In: SUNDERSTROM, E. (Ed.). *Supporting work team effectiveness: best practices for fostering high-performance*. San Francisco. Jossey-Bass, 1998. p. 246-270.

MONEREO, C. Internet un espacio idóneo para desarrollar las competencias básicas. In: MONEREO, C. (Coord.). *Internet y competencias básicas*. Barcelona: Graó, 2005. p. 5-25.

MORIN, E. *Pour Sortir du XX Siècle*. Paris: Nathan, 1981.

MONEREO, C.; POZO, J. I. Competencias para (con)vivir con el siglo XXI. *Cuadernos de Pedagogía*, n. 370, p. 12-18, 2007.

O'REILLY, T. *What is Web 2.0*: design patterns and business models for the next generation. [S. l.: s. n], 2005. Disponível em: <http://www.oreillynet.com/pub/a/oreilly/tim/news/2005/09/30/what-is-web-20.html>. Acesso em: 4 ago. 2008.

PALAMIDESSI, M. (Comp.). *La escuela en la sociedad de redes*. Buenos Aires: Fondo de Cultura Económica, 2006.

PEA, R. D. Seeing what we build together: distributed multimedia learning environments for transformative communications. *Journal of the Learning Sciences*, v. 3, n. 3, p. 285-299, 1993.

PEA, R. D.; MALDONADO, H. WILD for learning: interacting through new computing devices anytime, anywhere. In: SAWYER, R. K. (Ed.), *The Cambridge Handbook of the learning sciences*. Cambridge: Cambridge University Press, 2006. p. 427-441.

RHEINGOLD, H. *Smart mobs:* the next revolution. Cambridge: Perseus Publishing, 2002.

RETORTILLO, F. Implicaciones sociales y educativas de las tecnologías de la información y la comunicación. *Psicología Educativa*, v. 7, n. 2, p. 1-32, 2001.

RYCHEN, D.; SALGANIK, L. H. *Defining and Selecting Key Competencies*. Göttingen: Hogrefe & Huber, 2001.

RYCHEN, D.; SALGANIK, L. H. *Key Competencies for a successful life and a well-functioning society*. Göttingen: Hogrefe & Huber, 2003.

ROTH, W.-M.; LEE, Y.J. Vygotsky's Neglected Legacy": Cultural-Historical Activity Theory. *Review of Educational Research*, v. 77, n. 2, p. 186–232, 2007.

SARTORI, G. *Homo videns:* la sociedad teledirigida. Buenos Aires: Taurus, 1998.

SIMONE, R. *La tercera fase: formas de saber que estamos perdiendo*. Madrid: Taurus, 2001.

SCARDAMALIA, M. Reflections on the transformation of education for the knowledge age. *Teoría de la Educación: Educación y cultura en la sociedad de la información*, v. 5, 2004. Disponível em: <http://www.usal.es/~teoriaeducacion/rev_numero_05/n5_art_scardamalia.htm>. Acesso em: 22 dez. 2007.

SCHILIT, B.; ADAMS, N.; WANT, R. Context-Aware Computing Applications. In: *Workshop on Mobile Computing Systems and Applications*, Santa Cruz (USA), 1994. Disponível em: <http://schilit.googlepages.com/wmc-94-schilit.pdf>. Acesso em 14 dez. 2007.

SHAYO, C., et al. *The virtual society: its driving forces, arrangements, practices and implications*. In: GACKENBACH, J. (Ed.). *Psychology and the Internet* . San Diego: Elsevier, 2007. p. 187-220.

SUAREZ, C. Los entornos virtuales de aprendizaje como instrumento de mediación. *Teoría de la Educación: Educación y cultura en la sociedad de la información*, v. 4, 2003. Disponível em: <http://www.usal.es/~teoriaeducacion/rev_numero_04/n4_art_suarez.htm>. Acesso em: 22 dez. 2007.

VENEZKY, R. L.; DAVIS, C. *Quo Vademus? The transformation of Schooling in a Networked World*. Paris: OECD, 2002. Disponível em: <http://www.oecd.org/dataoecd/48/20/2073054.pdf>. Acesso em: 22 dez. 2007.

WALLACE, P. *La psicología de Internet*. Barcelona: Paidós, 2001.

WEISER, M. The computer for the 21st century. *Scientific American*, v. 265, n. 3, p. 94-104, 1991.

A teoria bioecológica do desenvolvimento humano[1]

URIE BRONFENBRENNER

habilidades e competências

>> Analisar as perspectivas atuais e futuras da teoria bioecológica do desenvolvimento humano.

neste capítulo você estudará:

>> As proposições de trabalho e pesquisa derivadas do modelo bioecológico.

---

1 BRONFENBRENNER, U. The bioecological theory of human development. In: SMELSER, N. J.; BALTES, P. B. (Ed.). *International encyclopedia of the social and behavioral sciences* (Vol. 10, pp. 6963–6970). New York: Elsevier, 2001. Reimpresso com a permissão da editora Elsevier Science Ltd.

INTRODUÇÃO

O modelo bioecológico, juntamente com seus respectivos delineamentos de pesquisa, é uma evolução do sistema teórico para o estudo científico do desenvolvimento humano ao longo do tempo. Dentro da Teoria Bioecológica, o desenvolvimento é definido como o **fenômeno de continuidade e de mudança das características biopsicológicas dos seres humanos como indivíduos e grupos. Esse fenômeno se estende ao longo do ciclo de vida humano por meio das sucessivas gerações e ao longo do tempo histórico, tanto passado quanto presente.**

DEFINIÇÕES DAS PROPRIEDADES DO MODELO BIOECOLÓGICO

O termo **evolução** evidencia o fato de o modelo, juntamente com os delineamentos de pesquisa correspondentes, ter sido submetido a um processo de desenvolvimento ao longo do seu "ciclo de vida". Outra propriedade definidora do modelo bioecológico especifica que ele lida com dois processos de desenvolvimento estreitamente relacionados, no entanto, fundamentalmente diferentes, tendo cada um seu lugar no modelo ao longo do tempo.

O primeiro processo define o fenômeno sob investigação, a saber, a continuidade e a mudança nas características biopsicológicas dos seres humanos. O segundo incide sobre o desenvolvimento de ferramentas científicas, os modelos teóricos e os delineamentos de pesquisa correspondentes, necessários para avaliação da continuidade e da mudança.

Essas duas tarefas não podem ser realizadas independentemente, por serem o produto comum de ideias emergentes e convergentes, sendo baseadas em dois fundamentos teóricos e empíricos e um processo chamado de "ciência do desenvolvimento humano no modo de descoberta" (BRONFENBRENNER; EVANS, 2000, p. 999-1000). No "modo de verificação", o objetivo é replicar os achados anteriores em outros contextos para certificar-se de que os resultados são válidos. Em contrapartida, no "modo de descoberta", a meta é cumprir dois objetivos mais amplos, mas inter-relacionados:

> ▶ elaborar novas possibilidades de hipóteses e delineamentos de pesquisas correspondentes, que não apenas tragam resultados dentro da problemática de pesquisa, mas também possam ensejar nova problemática, mais diferenciada, mais precisa, com resultados de pesquisa replicáveis, produzindo um conhecimento científico efetivamente válido; e

▶ propor bases científicas para o planejamento de políticas públicas e de programas sociais eficazes, que possam neutralizar influências disruptivas do desenvolvimento emergente – esse é um objetivo explícito do modelo bioecológico desde suas origens.

para refletir !!!

Um grande desafio para o modelo bioecológico atual é descobrir como as novas hipóteses de trabalho e os delineamentos de pesquisa correspondentes podem ser desenvolvidos para o futuro.

Existe a possibilidade de que, apesar da mudança histórica, alguns elementos do modelo e suas inter-relações possam permanecer constantes através do tempo e do espaço. Nessa perspectiva, o modelo atual tem várias propriedades de definição evidentes que se tornam alicerces para o restante das definições do modelo. Algumas são de origem relativamente recente, enquanto outras retornam aos primórdios do antigo modelo. Cada uma é expressa aqui sob a forma de uma proposição.

PROPOSIÇÃO I

Um elemento crítico da definição do modelo ecológico é a **experiência**. O termo é usado para indicar que as características cientificamente relevantes de qualquer contexto para o desenvolvimento humano incluem não apenas suas condições objetivas, mas também a maneira como elas são experienciadas subjetivamente pelas pessoas que vivem nesse ambiente.

O fato de a mesma ênfase ser oferecida à experiência e à visão objetiva não representa nenhuma antipatia aos conceitos behavioristas, tampouco uma predileção por fundamentações filosóficas existenciais. É simplesmente algo posto por ser um fato real. Poucos fatores externos que influenciam significativamente o comportamento e o desenvolvimento humano podem ser descritos apenas em termos de circunstâncias físicas e de eventos objetivos.

Um termo crítico na formulação anterior é a palavra **apenas**. No modelo bioecológico, entende-se que os elementos objetivos e subjetivos dirigem o percurso do desenvolvimento humano; nenhum deles, por si só, é presumido como suficiente. Além disso, esses elementos quase nunca funcionam na mesma direção. Por isso, é importante compreender a natureza de cada uma dessas duas forças dinâmicas, iniciando pela força **fenomenológica** ou **experiencial**.

Os dois termos destacados são relevantes porque, embora relacionados entre si, são geralmente aplicados em esferas diferentes. O primeiro é empregado com mais frequência em relação ao ambiente, sendo percebido e modificado pelos seres humanos nos estágios sucessivos de seu ciclo vital, iniciando nos primeiros meses de vida e prosseguindo na infância, na adolescência, na fase adulta e, finalmente, na velhice. Em contraste, a **experiência** pertence à esfera subjetiva dos sentimentos, por exemplo:

- antecipações;
- pressentimentos;
- esperanças;
- dúvidas; e
- crenças pessoais.

Esses sentimentos surgem também nos primeiros meses de vida, continuando ao longo da vida e sendo caracterizados por estabilidade e mudança. Eles podem ser relacionados ao **self** ou aos outros, especialmente à família, aos amigos e às pessoas próximas. Podem também ser vinculados a atividades nas quais o indivíduo se engaje, por exemplo, aquelas que ele goste mais ou menos de fazer.

A característica mais distintiva das qualidades experienciais, no entanto, é que elas são carregadas emocional e motivacionalmente. Elas englobam amor e ódio, alegria e tristeza, curiosidade e tédio, desejo e repulsa, costumeiramente, com ambas as polaridades existentes ao mesmo tempo, mas geralmente em graus diferentes.

importante >>

Uma quantidade significativa de pesquisas indica que a coexistência das forças subjetivas positivas e negativas envolvendo o passado pode contribuir de maneira poderosa para modelar a direção do desenvolvimento humano no futuro.

As forças subjetivas positivas e negativas do passado não são as únicas e poderosas forças em ação; existem outras, mais objetivas em sua natureza. Isso não significa, porém, que elas sejam, obrigatoriamente, mais ou menos influentes no desenvolvimento humano, em especial porque as forças objetivas e subjetivas são interdependentes e influenciam-se mutuamente.

Como os fatores subjetivos, os objetivos também confiam, para suas investigações, nos modelos teóricos e nas pesquisas associadas a delineamentos que foram evoluindo ao longo do tempo. Essas relações mais objetivas são registradas sob as formas de duas proposições (BRONFENBRENNER; EVANS, 2000; BRONFENBRENNER; MORRIS, 1998). A primeira especifica o modelo teórico, fornecendo exemplos concretos; a segunda prefigura os delineamentos de pesquisa correspondentes para sua avaliação.

PROPOSIÇÃO II

Ao longo do ciclo de vida, o desenvolvimento humano ocorre por meio de processos de interação recíproca, progressivamente mais complexos, entre um organismo humano biopsicológico em atividade e as pessoas, os objetos e os símbolos existentes em seu ambiente externo imediato. Para ser efetiva, a interação deve ocorrer regularmente por longos períodos de *tempo*. Esses padrões duradouros de interação no contexto imediato são denominados **processos proximais**.

Padrões duradouros de processo proximal são encontrados no aqui e agora, por exemplo:

- na amamentação ou conforto do bebê;
- nas brincadeiras com uma criança pequena;
- nas atividades entre crianças;
- no grupo ou na ação solitária;
- na leitura;
- na aprendizagem de novas habilidades;
- nas atividades físicas;
- na solução de problemas;

- no cuidado de pessoas doentes;
- na elaboração de planos;
- na execução de tarefas complexas; e
- na aquisição de conhecimentos.

Para os mais jovens, a participação nos processos de interação ao longo do tempo gera a capacidade, a motivação, o conhecimento e a habilidade para exercer essas atividades com outras pessoas e consigo mesmo. Mediante uma interação progressivamente mais complexa com seus pais, por exemplo, as crianças tornam-se cada vez mais agentes de seu desenvolvimento.

importante >>

Em suma, os processos proximais são postulados como a força motriz primária do desenvolvimento humano.

A próxima proposição aborda os delineamentos de pesquisa correspondentes aos processos proximais.

PROPOSIÇÃO III

A forma, o poder, o conteúdo e a direção dos processos proximais produzem o desenvolvimento, variando sistematicamente como uma função articulada dos seguintes aspectos:

- de características da **pessoa em desenvolvimento** (incluindo sua **herança genética**);
- do **contexto** (tanto o imediato quanto o mais remoto) no qual os processos ocorrem;
- da natureza dos **resultados desenvolvimentais** esperados; e
- de continuidades e mudanças que ocorrem ao longo do tempo durante o ciclo de vida e o tempo histórico em que a pessoa está vivendo.

As Proposições II e III são teoricamente interdependentes e sujeitas a teste empírico. Um delineamento de pesquisa operacional que permita sua investigação simultânea é denominado **modelo processo-pessoa-contexto-tempo** (PPCT).

Nos delineamentos de pesquisa correspondentes para o modelo bioecológico, o componente **tempo** adquire especial importância. Para mostrar que o desenvolvimento ocorreu realmente, o delineamento de pesquisa deve demonstrar, ou pelo menos tornar plausível, o fato de que os elementos do delineamento e a relação dinâmica desses elementos exercem influência nas características biopsicológicas da pessoa em desenvolvimento em um período estendido de tempo.

Por exemplo, um rico banco de informações de estudos sobre a juventude de risco do estado de Wisconsin, Estados Unidos, tornou possível reanalisar algumas hipóteses de pesquisa derivadas de novas formulações emergentes. Esse banco foi generosamente disponibilizado por Small e Luster (1990).

definição

Monitoramento parental é o esforço por parte dos pais em manter-se informados e estabelecer limites para as atividades que seus filhos realizam fora de casa.

Níveis mais elevados de desempenho acadêmico exigem o domínio de tarefas progressivamente mais complexas, sendo, portanto, mais difíceis de alcançar. A relação entre o monitoramento parental e as notas obtidas na escola revela uma tendência de declínio curvilíneo. Esse efeito, entretanto, é mais forte para as meninas do que para os meninos, sobretudo em famílias constituídas pelos dois pais biológicos. Esses dois resultados são consistentes com as duas hipóteses de pesquisa derivadas do modelo bioecológico:

> ▶ a primeira hipótese determina que os processos proximais (neste exemplo, o monitoramento parental) provavelmente têm maior impacto em famílias constituídas pelos dois pais biológicos do que naquelas em que a mãe está solteira ou há um padrasto;

> ▶ a segunda hipótese postula uma influência mais intensa e duradora da família no desenvolvimento de meninas do que de meninos.

Além disso, uma característica distinta do padrão das mulheres é que a curva é menos acentuada em níveis mais elevados de monitoramento parental, tornando-se invertida no caso de filhas de mães solteiras. Esse achado sugere que, sob essas circunstâncias, as demandas em relação às meninas podem se tornar tão exigentes que os processos proximais existentes não correspondem às tarefas e, em consequência, trazem pouco retorno educativo.

Finalmente, uma análise dos dados de estudantes cujas mães não cursaram mais do que o ensino médio revelou um padrão similar, mas a influência construtiva do monitoramento parental foi consideravelmente mais fraca, sendo seu benefício às meninas reduzido. No entanto, meninas em famílias uniparentais ou aquelas que tinham a presença de um padrasto/madrasta com nível educacional médio ainda alcançaram melhores notas do que os meninos. Ademais, dentro de cada nível de educação materna, diferenças estatisticamente significativas relacionadas à estrutura familiar foram encontradas no desempenho escolar:

- ▶ estudantes que cresceram em famílias formadas pelos dois pais biológicos alcançaram notas mais elevadas;

- ▶ estudantes que cresceram em famílias formadas por pais separados tiveram notas mais baixas.

Uma segunda análise foi realizada sobre os efeitos do monitoramento parental da mãe e a influência de seu grau de escolaridade. Isso porque, por uma série de motivos, a adição desse parâmetro tornou a interpretação dos resultados bastante complexa. Os principais resultados são resumidos a seguir.

- ▶ O efeito do monitoramento parental sobre as notas de estudantes foi claramente maior para aqueles que viviam com os dois pais biológicos e cujas mães tinham um grau de instrução maior do que o ensino médio. Além disso, a extensão e o efeito positivo do monitoramento materno foram maiores no início do ensino médio, decrescendo gradualmente depois.

- ▶ A influência construtiva das mães com **grau de instrução superior ao nível médio**, tanto em famílias de "mães solteiras" quanto em famílias compostas pela mãe e pelo padrasto, foi consideravelmente menor e declinou mais rapidamente.

▶ Os resultados do monitoramento parental de mães com grau de instrução inferior ao ensino médio foram igualmente positivos, mas com menor intensidade. As mães de famílias formadas pelos dois pais biológicos foram novamente as mais eficazes, mas menos do que aquelas com grau de instrução além do ensino médio. As médias para os três tipos de estruturas familiares estavam na mesma ordem, mas estavam próximas.

A interpretação desses resultados é confundida pela ausência de análises estatísticas distintas para homens e mulheres, condição decorrente da baixa frequência de indivíduos de ambos os sexos entre as crianças de outras configurações familiares que não aquelas com dois pais biológicos.

importante »

A maioria do relato de pesquisa foi realizada há mais de duas décadas, não podendo, em todos os casos, seu resultado ser aplicado ao monitoramento parental nos dias de hoje. Além disso, nem sempre a separação ou a configuração familiar uniparental compromete o desenvolvimento futuro dos filhos. Em alguns casos, esses modelos de família levam a novos relacionamentos e estruturas que possibilitam uma mudança construtiva no curso do desenvolvimento infantil.

Embora os processos proximais funcionem como força motriz do desenvolvimento humano, a energia que os conduz vem de fontes mais profundas, que nos fazem retornar ao mundo experiencial da Proposição I. As forças subjetivas e objetivas exercem uma influência especialmente forte no período do desenvolvimento que vai da primeira infância até a fase de adulto jovem.

Um conjunto substancial de pesquisas realizadas durante o século XX indica que, há duas ou três décadas, as forças subjetivas e objetivas estavam situadas principalmente dentro da família, com os pais atuando como os principais cuidadores e fonte de apoio emocional dos filhos, seguidos de outros membros adultos da família que moram na mesma casa. Em menor escala, outros parentes, amigos da família e vizinhos também exerciam esses papéis.

Contudo, vem ocorrendo uma mudança marcante nesse padrão durante as três últimas décadas. Os pais e os outros membros adultos da família têm passado uma quantidade cada vez maior de tempo em trabalhos de período integral – nos quais horas extras são, com frequência, exigidas ou esperadas.

A natureza dessa tendência e sua relevância para o desenvolvimento humano são expressas nas proposições que seguem.[2]

PROPOSIÇÃO IV

A fim de se desenvolver intelectual, emocional, moral e socialmente, toda criança necessita participar de **atividades progressivamente mais complexas**, que ocorram regularmente por períodos estendidos de tempo e envolvam uma ou mais pessoas com quem ela desenvolva **forte apego emocional mútuo**. Essas pessoas devem estar comprometidas com o bem-estar e o desenvolvimento da criança, preferencialmente por toda a vida (BRONFENBRENNER; EVANS, 2000; BRONFENBRENNER; MORRIS, 1998).

As condições prévias estipuladas na Proposição IV levam ao desenvolvimento das consequências descritas na proposição seguinte.

PROPOSIÇÃO V

O estabelecimento de um forte apego emocional mútuo conduz à **internalização** das atividades e dos sentimentos de afeto expressados pelos pais. Esses laços mútuos motivam o interesse e o engajamento da criança em atividades relacionadas ao ambiente físico, social e – no momento devido – simbólico imediato que convidam à exploração, à manipulação, à elaboração e à imaginação.

A próxima proposição amplia o círculo familiar.

PROPOSIÇÃO VI

O estabelecimento e a manutenção de padrões de interação progressivamente mais complexos e do apego emocional entre pais e filhos dependem do nível substancial de disponibilidade e envolvimento de outro adulto, **o terceiro responsável**, com os seguintes papéis:

---

2 Por motivos de concisão, o termo **criança** é usado nas proposições a seguir para abranger o período inteiro da infância até a idade adulta.

- auxiliar;

- incentivar;

- passar longos períodos de tempo com a criança;

- oferecer condições para esses padrões de interação; e

- expressar admiração e afeto pela criança cuidada, permanecendo engajado em atividades conjuntas com ela.

Também ajuda, mas não é absolutamente essencial, que esse responsável seja do sexo oposto ao do pai ou da mãe que cuida da criança, porque é provável que ele exponha e envolva a criança em uma variedade maior de atividades e de experiências instigadoras para seu desenvolvimento (BRONFENBRENNER et al. 1996).

importante >>

Quando se trata de um apego de duas ou mais figuras paternas, cada uma serve como terceiro responsável para a outra.

A evidência de pesquisa para esta proposição emergiu naturalmente a partir da realidade atual; ela foi produzida por dados demográficos que documentam um rápido aumento na proporção de famílias uniparentais. A tendência começou na década de 1980, continuando em um ritmo ainda mais elevado na maior parte da década de 1990. A crescente maioria desse tipo de lar mostrava o pai ausente, e à mãe cabia a principal responsabilidade pela educação das crianças.

Um amplo número de investigações sobre os processos e resultados do desenvolvimento humano em famílias desse tipo tem sido realizado por intermédio de grupos culturais e classes sociais diversas. Geralmente, os resultados levam a duas conclusões complementares.

Em primeiro lugar, mesmo nas famílias que vivem em condições socioeconômicas favoráveis, filhos de mães ou pais solteiros junto aos quais nenhuma outra pessoa atua de forma confiável no papel de terceiro responsável estão em maior risco de experimentar um ou mais dos seguintes problemas de desenvolvimento humano:

- hiperatividade ou retraimento;
- déficit de atenção;
- dificuldade em adiar gratificação;
- desempenho acadêmico pobre;
- problemas no comportamento escolar; e
- absentismo frequente.

Em segundo lugar, em um nível mais sério, essas crianças estão em maior risco para a chamada síndrome adolescente de comportamentos, que tende a ser associada a:

- abandono escolar;
- envolvimento em gangues;
- tabagismo;
- uso de bebidas;
- experiência sexual prematura;
- gravidez na adolescência; e
- desinteresse pelo trabalho.
- Em casos mais extremos, essa síndrome pode ser associada a:
- uso de drogas ilícitas;
- suicídio;
- vandalismo;
- violência; e
- atos criminosos.

> **importante** »
>
> A maioria dos efeitos da síndrome adolescente de comportamentos é mais acentuada nos meninos do que nas meninas (BRONFENBRENNER et al., 1996).

Nem todas as famílias de pais solteiros, contudo, manifestam essas relações e efeitos disruptivos sobre o desenvolvimento das crianças. Investigações sistemáticas das exceções identificaram o que pode ser descrito como um fator geral de "imunização".

Crianças de pais separados, por exemplo, foram menos propensas a experienciar problemas de desenvolvimento humano, especialmente em famílias nas quais a mãe ou o pai recebia forte apoio de outros adultos que viviam na mesma casa. Foram igualmente importantes os parentes próximos, os amigos, os vizinhos, os membros de grupos religiosos e, quando disponíveis, os profissionais de programas de apoio à família e de proteção da infância.

> **importante** »
>
> Nas investigações sobre o fator geral de imunização, o que mais importou não foi a atenção oferecida à criança, apesar de não se descartar sua relevância, mas a assistência prestada aos pais solteiros por outros que servissem como apoio, conforme mencionado na Proposição IV; parece que, nas relações da família, "um é pouco, dois é bom, três é melhor ainda".

Entretanto, o que foi dito até aqui não é a história completa. Até a década de 1980, a teoria e a pesquisa na ecologia do desenvolvimento humano registraram uma tendência de aceleração para maior permissividade nos estilos de criação de crianças nas famílias dos Estados Unidos. Ao mesmo tempo, as sucessivas investigações científicas revelaram vantagens progressivamente maiores no desenvolvimento de estratégias que dessem ênfase maior à disciplina e às demandas parentais. A interpretação que surgiu das análises dos dados disponíveis sugeriu que a aplicação generalizada desses resultados de pesquisa poderia servir como uma resposta efetiva às mudanças disruptivas do desenvolvimento humano que ocorrem na sociedade contemporânea.

Neste ponto, é importante mencionar dois outros grupos de pesquisa que contribuíram significativamente para o desenvolvimento da Teoria Bioecológica e seus delineamentos de pesquisa correspondentes. O primeiro deles procede de longa data. Há mais de um quarto de século, o sociólogo Glen H. Elder Jr., em seu clássico livro *Children of the Great Depression* (1974, 1999), ampliou o conceito de desenvolvimento humano para além dos anos de formação, abrangendo todo o ciclo vital da pessoa.

O segundo ponto necessita ser completamente explorado. Em 1994, Bronfenbrenner e Ceci, tendo o modelo bioecológico como ponto de partida, sugeriram uma alternativa empiricamente testável para o estabelecido paradigma científico, baseada na genética comportamental. A proposta de modelo alternativo:

- permite efeitos sinérgicos não aditivos;

- emprega medidas diretas do ambiente; e

- propõe **processos proximais** como mecanismos de interação pessoa-contexto mediante os quais os genótipos para o desenvolvimento humano da competência são transformados em fenótipos.

Além disso, o modelo alternativo prediz que:

- as estimativas de hereditariedade (h^2) para o desenvolvimento da competência aumentam acentuadamente com a magnitude dos processos proximais;

- a hereditariedade mede a proporção da variação das diferenças individuais atribuídas apenas ao potencial genético **ativado**, com o nível de potencial **não ativado** remanescente desconhecido;

- o potencial genético ativado (h^2) varia de acordo com a qualidade do contexto, aumentando sua qualidade (por meio de oportunidades de trabalho, por exemplo, os serviços de saúde e programas de intervenção em bairros pobres melhorarão).

> **importante** »
>
> Os autores do modelo alternativo sugerem que níveis mais elevados de padrões de comportamento parental, como negligência, abuso ou dominação, podem servir como poderosos mecanismos, direcionados a acionar potenciais genéticos para comportamentos desenvolvimentalmente mal-adaptados que perturbam os processos proximais e produzem desordem no desenvolvimento humano.

O MODELO BIOECOLÓGICO NO MODO DE DESCOBERTA: PERSPECTIVAS FUTURAS

Esta seção é fundamentada nas proposições e nas hipóteses de trabalho derivadas do modelo bioecológico, para o qual, por enquanto, ainda existem poucos dados empíricos. Ela inicia com as perspectivas para resolver o segundo objetivo declarado do modelo bioecológico – o de "propor bases científicas para o planejamento de políticas públicas e de programas sociais eficazes, que possam neutralizar influências disruptivas do desenvolvimento emergente".

Segundo o último objetivo, a seção começa com uma proposição pouco convencional. Geralmente, até agora, a teoria e a pesquisa sobre o desenvolvimento humano têm se preocupado com a influência que pessoas de maior idade têm sobre o desenvolvimento das mais jovens. Na proposição que segue, a direção é invertida. Convém observar que a ideia que fundamenta esta proposição não é recente, estando prevista na teoria de Vygotsky (1978) e na teoria contemporânea da "ação", de Brandtstädter (1998-1999).

PROPOSIÇÃO VII

O **desenvolvimento psicológico dos pais** é intensivamente influenciado pela conduta e pelo desenvolvimento de seus filhos. Esse fenômeno ocorre ao longo do ciclo de vida. É mais evidente durante os primeiros anos, nos quais a maioria das crianças vive em casa sob o cuidado de seus pais. Muitas vezes, torna-se especialmente acentuado durante a adolescência, quando os jovens começam a buscar sua independência como indivíduos e membros de grupos de pares. Esse comportamento é particularmente provável entre adolescentes ou jovens que têm relativamente pouco contato, no início da vida, com seus pais ou com outros adultos cuidadores.

Embora muitos estudos tenham focalizado o desenvolvimento desses jovens alienados, o impacto da conduta deles sobre o desenvolvimento subsequente de seus pais ainda carece de investigação mais sistemática. O inverso da proposição antecedente, a influência da transição bem-sucedida da infância para a adolescência e para a jovem adultez no desenvolvimento construtivo dos pais, recebe, infelizmente, muito menos atenção do meio científico.

PROPOSIÇÃO VIII

Ao longo do ciclo de vida, o processo de apego exibe uma inversão de sentido. No início, são as crianças as beneficiadas pelo compromisso irracional dos pais, e, no fim da vida, tais papéis são invertidos. Então, são os pais idosos que recebem o amor e o cuidado de suas crianças, agora na meia-idade.

> **importante >>**
> Se não houve apego entre pais e filhos no início da vida, pode não haver no fim.

Com relação a isso, a ciência do desenvolvimento humano ainda tem que resolver uma curiosa omissão das teorias e dos delineamentos de pesquisa. Recorrer a mecanismos de pesquisa em psicologia e em áreas relacionadas, até o momento, não permitiu identificar investigações acerca da influência do apego entre pais e filhos no desenvolvimento futuro dos *pais* em contraste com o que acontece com os filhos.

No entanto, esse não é bem o caso para a próxima proposição do modo de descoberta. O modelo teórico, o delineamento de pesquisa correspondente e a metade dos achados empíricos necessários já estão disponíveis. O único problema é encontrar ou realizar um estudo que cumpra as exigências da próxima proposição.

PROPOSIÇÃO IX

Se uma investigação realizada no passado cumpre as exigências do modelo bioecológico, incluindo a avaliação dos resultados da pessoa em desenvolvimento "durante um período estendido de tempo", a **replicação** do estudo posteriormente pode revelar se os processos em investigação ainda são válidos ou foram anulados ou substituídos por mudanças históricas subsequentes. Quando ocorre o último caso, os investigadores são confrontados com o desafio de propor formas opcionais de trabalho para explicar os fenômenos observados.

Na conclusão desta parte, movemo-nos do campo da teoria e do delineamento de pesquisa para o mundo da realidade e da ação. No modelo bioecológico, esses dois mundos nunca foram separados. Especialmente durante as últimas três décadas, eles vêm se tornando cada vez mais próximos um do outro. Em uma visão mais ampla, os resultados de ambas as áreas revelam o que foi denominado "caos crescente" nas vidas das crianças, dos jovens, das famílias, das escolas e do mundo do trabalho, bem como uma mobilidade ainda maior entre esses mundos. O registro mais recente desse fenômeno contém o seguinte resumo sobre a natureza do "caos" e suas consequências para o desenvolvimento da pessoa (BRONFENBRENNER; EVANS, 2000, p. 121):

> O caos integra o envolvimento de vários elementos, prefigurando seu papel no modelo bioecológico aquilo que é chamado de "sistemas caóticos". Esses sistemas são caracterizados por atividade frenética, falta de estrutura, imprevisibilidade nas atividades cotidianas e níveis exacerbados de estimulação ambiental. A estimulação é elevada quando existe uma ausência de rotina e de estrutura na vida quotidiana. O ambiente é também um local importante para a interrupção dos processos proximais na forma de barulho residencial, excesso de pessoas e configuração das salas de aula.

para refletir !!!

Segundo o modelo bioecológico, qual é a perspectiva para o desenvolvimento futuro de nossa espécie?

Nos Estados Unidos, atualmente é possível para um jovem, menina ou menino, finalizar o ensino médio e concluir um curso universitário sem nunca ter de cuidar de um bebê, de alguém doente, de um idoso ou de uma pessoa solitária, ou sem ter de consolar ou ajudar outro ser humano que realmente necessite de ajuda. As consequências dessa privação da experiência humana para o desenvolvimento humano, até agora, não foram pesquisadas cientificamente.

As possíveis implicações sociais, todavia, são óbvias, pois – mais cedo ou mais tarde, geralmente mais cedo – todos nós sofremos de doenças e solidão e necessitamos de ajuda, conforto e companhia. Nenhuma sociedade pode se sustentar por muito tempo sem que seus membros aprendam as peculiaridades, motivações e habilidades envolvidas na assistência e no cuidado de outros seres humanos.

para saber +

Bronfenbrenner, U. **Bioecologia do desenvolvimento humano**: tornando os seres humanos mais humanos. Porto Alegre: Artmed, 2011.

REFERÊNCIAS

BRANDTSTÄDTER, J. Action perspectives on human development. In: DAMON, W.; LERNER, R. M. (Ed.). *Handbook of child psychology*: theoretical models of human development. 5th ed. New York: John Wiley, 1998. v. 1.

BRANDTSTÄDTER, J. The self in action and development: cultural, biosocial, and ontogenetic bases of intentional self-development. In: BRANDTSTÄDTER, J.; R. M. LERNER, R. M. (Ed.). *Action and self-development*: theory and research through the life span. Thousand Oaks: Sage, 1999. p. 37-65.

BRONFENBRENNER, U.; CECI, S. J. Nature-nurture reconceptualized: a bio-ecological model. *Psychological Review*, v. 101, n. 4, p. 568-586, 1994.

BRONFENBRENNER, U.; EVANS, G. W. Developmental science in the 21st century: emerging theoretical models, research designs, and empirical findings. *Social Development*, v. 9, n. 1, p. 115-125, 2000.

BRONFENBRENNER, U. et al. *The state of Americans*: this generation and the next. New York: Free Press, 1996.

BRONFENBRENNER, U.; MORRIS, P. A. The ecology of developmental processes. In: DAMON, W.; LERNER, R. M. (Ed.). *Handbook of child psychology*: theoretical models of human development. 5th ed. New York: John Wiley, 1998. v. 1.

ELDER, G. H. *Children of the great depression*. Chicago: University of Chicago Press, 1974.

ELDER, G. H. *Children of the great depression*. 25th ed. Chicago: University of Chicago Press, 1999.

SMALL, S.; LUSTER, T. *Youth at risk for parenthood*. Paper presented at the Creating Caring Community Conference, Michigan State University, East Lansing, novembro, 1990.

VYGOTSKY, L. S. *Mind and society*: the development of higher psychological processes. Cambridge: Harvard University Press, 1978.

Piaget e Vygotsky: uma comparação crítica

JOSÉ A. CASTORINA E RICARDO J. BAQUERO

habilidades e competências

>> Identificar as semelhanças e as diferenças entre a concepção dialética de Piaget e a de Vygotsky.

neste capítulo você estudará:

>> As ideias e os enfoques metodológicos de Piaget e Vygotsky.

>> A dialética na explicação genética de Piaget e na explicação psicológica de Vygotsky.

INTRODUÇÃO

Este capítulo tem por objetivo reexaminar as principais ideias de Piaget e Vygostky sobre a dialética, estabelecendo uma comparação crítica entre as concepções e identificando semelhanças e diferenças. Antes, contudo, vale a pena retomar dois aspectos importantes.

Em primeiro lugar, Piaget tematizou explicitamente – em particular na última parte de sua obra – o significado da categoria para a discussão epistemológica e realizou pesquisas empíricas especialmente dedicadas a reconstruir a dialética do conhecimento. Daí vêm sua elucidação acerca das modalidades desse processo e sua defesa de um viés não hegeliano para o estudo da transformação das ideias científicas e infantis.

Vygotsky, por sua vez, não formulou uma elaboração própria da forma e do significado da dialética. Em vez disso, tratou de utilizar a concepção de Marx e Engels de forma totalmente original, a fim de produzir um referencial conceitual adequado para a refundação da psicologia.

Em segundo lugar, vale lembrar que Vygotsky adotou a tese de Engels segundo a qual a dialética expressa as leis mais gerais da natureza, da sociedade e do conhecimento. Essa interpretação deu lugar, em sua obra, a uma certa tensão entre a dialética como reflexo do mundo e como uma perspectiva metodológica para elaborar os conceitos da psicologia. Desse último polo, surge a parcela mais criativa de seu pensamento, enquanto o primeiro enfoque simplifica ou reduz o alcance de sua análise.

Diferentemente de Vygotsky, Piaget rechaça a teoria do reflexo e limita a dialética à prática humana de interação com os objetos e a uma metodologia "imanente" das ciências. Contudo, existe uma tensão em seu pensamento; de um lado, há uma abertura decisiva às interações cognoscitivas com o objeto e com as condições sociais e, de outro, há um imanentismo da estruturação da razão, presente em boa parte de sua obra. O predomínio da construção "interna" dos sistemas de conhecimento envolve um retrocesso de sua dialetização, enquanto a ênfase naquelas interações é a parte mais criativa de sua epistemologia construtivista.

Os contornos que a dialética adquire nos pensamentos de Piaget e de Vygotsky dependem do nível de análise em que ela foi elaborada e da perspectiva programática que cada autor assume; basicamente, conforme se considerem as interpretações da história epistemológica das ideias científicas ou o modo de enfocar o campo do desenvolvimento psicológico propriamente dito. As diferenças mais relevantes, como se mostrará, correspondem a este último campo.

A HISTÓRIA DAS IDEIAS E O ENFOQUE METODOLÓGICO NAS CIÊNCIAS

Piaget questionou as perspectivas redutivas no enfoque metodológico das ciências – por exemplo, no caso da psicologia, expressadas no estruturalismo sem gênese da psicologia da forma e na gênese sem estrutura do atomismo associacionista. Além disso, sua própria elaboração da psicogênese dos conhecimentos envolveu uma recusa ao modo metafísico de separar a estrutura da função ou a assimilação da acomodação.

> **para refletir !!!**
>
> Ao propugnar um método racional – do qual a dialética é uma das formas –, Piaget não estabelecia um método específico de conhecimento, e sim uma perspectiva para examinar os processos em jogo na pesquisa científica.

A dialética metodológica é uma aproximação epistemológica que diz respeito ao enfoque dos processos históricos e é própria de todas as epistemologias "que consideram o desenvolvimento um pouco diferente tanto do resultado de um programa preestabelecido quanto de uma série de eventos casuais sem estruturação", como sugere Piaget (1995, p.12-13) em *Estudos sociológicos*. Em outros livros, como *Epistemologia das ciências do homem*, Piaget (1970, p. 86) fala de uma dialética "imanente", a propósito da busca dos traços comuns ou diferenciados nas pesquisas científicas, que tendem a dar conta dos desenvolvimentos temporais: "A dialética assim concebida constitui uma tomada de consciência dos métodos de interpretação efetivamente empregados em certas pesquisas biológicas, psicogenéticas, econômicas".

A principal orientação do programa de pesquisa piagetiano envolve a ruptura com a cisão entre sujeito e objeto consumada na história da filosofia do conhecimento (em correspondência com as teorias psicológicas e biológicas) para conformar uma epistemologia genética. Contudo, a dialética se situa em um primeiro nível de análise, como reconstrução histórica de aspectos metodológicos das ciências, incluída a psicologia.

Caracterizamos a orientação da própria pesquisa piagetiana no sentido da integração progressiva dos aspectos que, em uma situação problemática, aparecem como opostos – ou seja, "a unidade concreta das determinações", como o conceito de assimilação e o de acomodação ou a articulação metodológica da generalização dos dados empíricos e a dedução de suas características. Depois, no nível principal da teoria epistemológica, elabora-se a dialética das interações entre o sujeito e o objeto de conhecimento, explicitadas posteriormente como o lado inferencial do processo construtivo das ideias infantis e da história da ciência.

Vygotsky, por sua vez, via na psicologia compreensiva e na psicologia naturalista – nos enfoques subjetivista e objetivista – bons exemplos de aproximações não dialéticas aos processos psicológicos. Os dois enfoques expressavam o dualismo entre funções psicológicas superiores e inferiores: em um caso, os fenômenos superiores eram puramente espirituais; no outro, reduziam-se a processos fisiológicos. Nenhum processo genético os vinculava.

A esse respeito, ele considerou que a separação rígida entre o pensamento ou a memória como função psicológica superior e como função psicológica inferior derivava do "método metafísico", caracterizado por Hegel e Engels. Do mesmo modo, a perspectiva metodológica atomística era comum na psicologia subjetivista de seu tempo, que reduzia os fenômenos psicológicos superiores a elementos psicológicos primários, como na psicologia objetivista, que os restringia a elementos simples, como as cadeias de reflexos. Com isso, fechava-se a possibilidade de um enfoque adequado para o estudo da formação dos processos psicológicos superiores.

importante >>

A reconstrução histórica do dispositivo conceitual utilizado pelo pensamento psicológico levou Vygotsky (1931) à busca de uma síntese superadora. Ou seja, era preciso ir além da análise dos elementos psíquicos, apelando às ideias de sistema, de ação linguística ou de semiótica como unidades de análise, em um enfoque genético dirigido a captar o movimento dos processos psicológicos.

Para cumprir o propósito de extrapolar a análise de elementos psíquicos, Vygotsky, inspirando-se em Marx, utiliza a dialética como um nível de análise e de exposição dos conceitos elaborados pelas teorias psicológicas, e não como um método específico de pesquisa. Além disso – como Marx –, ele esclarece que a dialética não é um método para o acompanhamento do transcurso dos fatos históricos; trata-se, antes, de abstrair as contingências de um processo para captar sua natureza. Nesse caso, uma reconstrução crítica das ideias psicológicas o leva a pronunciar-se sobre os fatos na pesquisa psicológica e captar a dinâmica de suas unidades de análise.

Em resumo, Vygotsky mostrou o fracasso do dualismo filosófico em suas formas espiritualista e materialista clássica enquanto pretensão de unificação da psicologia na história contemporânea das teorias. Desse modo, quando os princípios explicativos – por exemplo, os reflexos condicionados – se separam do objeto de estudo, convertem-se em uma visão do mundo.

A filosofia espiritualista e o materialismo naturalista são concepções que se identificam ou se associam com as sobregeneralizações elaboradas pelos psicólogos. Para superar a crise da psicologia e constituir uma psicologia geral, era necessário baseá-la em um método capaz de superar os dualismos.

importante >>

O projeto vygotskiano de fundar uma psicologia geral conduziu-o a examinar suas condições de cientificidade, isto é, sua epistemologia "interna", que outorgou um lugar central à dialética, uma posição metodológica orientadora da elaboração teórica e empírica. Posteriormente, como resultado desse enfoque, Vygotsky pôde elaborar a gênese dialética dos processos psicológicos superiores.

Do que foi dito, pode-se inferir que, de acordo com os dois autores, a dialética imanente ou metodológica não substitui os métodos específicos de pesquisa das disciplinas científicas. Trata-se de uma perspectiva que orienta a pesquisa científica e reelabora seus resultados. Nesse sentido, lembramos os conceitos de **unidade bipolar** em Piaget e de **unidade de análise** em Vygotsky.

Segundo Bidell (1988), qualquer problema do desenvolvimento era enfocado por Piaget como uma configuração de relações bipolares, como uma unidade dinâmica dos opostos; consequentemente, o tratamento das questões era orientado para a articulação dos componentes bipolares. Um caso exemplar é o estudo da equipe de Inhelder sobre as atividades infantis de resolução de problemas particularizados, vistas como uma configuração de relações bipolares, entre o externo e o interno, entre as significações e as ações (INHELDER; PIAGET, 1979).

Dessa maneira, os sistemas de significação são o produto da organização interna das ações levadas a cabo externamente. Ao mesmo tempo, as ações externas interpretam ou realizam a organização interna, no intuito de afetar o mundo. No mais, aquelas bipolaridades estão ligadas à bipolaridade central: procedimentos de resolução de problemas e estruturas cognitivas. Isto é, as ações externas sobre os objetos organizam-se em uma sequência para chegar à resolução, mas essa organização deve ser construída e depois transferida internamente "de uma situação a outra".

No caso de Vygotsky, é evidente a importância da unidade de análise, assim como seu caráter dialético para a pesquisa empírica. Sua análise leva à diferenciação de dois planos da linguagem que formam uma unidade. O significado interno, o aspecto semântico da linguagem, está associado a diferentes leis do movimento, que constituem seu aspecto auditivo externo. A unidade de linguagem é, portanto, complexa, não homogênea.

importante >>

Vygotsky sugere que a unidade consiste em relações que evitem o isolamento dos elementos; nesse caso, a linguagem externa do interno. Em outras palavras, a unidade de análise contém em si os processos relevantes que dão lugar à existência do fenômeno estudado.

A unidade exemplar em Vygotsky é o significado da palavra, que inclui importantes relações e contradições, como as relações externo/interno ou indivíduo/sociedade. Por isso, Bidell (1988) vê nos conceitos de unidade bipolar e de unidade de análise uma perspectiva de interface entre as psicologias do desenvolvimento de Piaget e de Vygotsky.

Além disso, os dois autores eliminaram de seus enfoques dialéticos qualquer resquício de apriorismo. Como diz Piaget em *Epistemologia das ciências do homem*, a dialética puramente filosófica subministrava apenas uma síntese doutrinal, em particular no caso do marxismo, a respeito das ciências humanas. Em suma, esse é um guia sem controle experimental, que se coloca no campo das interpretações externas à própria pesquisa.

O pensador genebrino adotava uma atitude crítica diante das dialéticas filosóficas que tinham tentado legislar sobre o que a ciência "devia ser" ou que a haviam subordinado a um estatuto epistêmico de nível inferior, como ocorre evidentemente em *Filosofia da natureza*, de Hegel. Talvez essa seja uma das razões que expliquem o desinteresse de Piaget pela dialética da natureza de Engels, que acreditava não impor a dialética à natureza a partir dos princípios gerais, e sim inferi-la do conhecimento do mundo objetivo ou "extraí-la da realidade". Essa suposta derivação continuava sendo, no entanto, de ordem estritamente especulativa.

Como já comentamos, para Piaget, a dialética da natureza de Engels era uma "projeção" das interações dialéticas de sujeito e objeto. Nesse ponto, como insistimos, Vygotsky foi influenciado pelo marxismo da época e manteve, até onde sabemos, a tese do caráter universal da dialética, incluindo a natureza dentro de seu alcance.

importante »

Vygotsky rechaçou decididamente toda psicologia "dialética" que conservava o espírito hegeliano especulativo, em particular quando alguns pensadores russos propuseram a aplicação direta do materialismo dialético à psicologia. Para ele, o que se necessitava, ao contrário, era de uma teoria especial sobre o campo de fenômenos que subministrasse as categorias básicas, sem as quais a dialética se imporia a eles. Reiteramos aqui uma citação que nos parece fundamental a esse respeito: "A psicologia necessita de seu O Capital – seus conceitos de classe, base, valor, etc., nos quais possa expressar, descrever e estudar seu objeto" (VYGOTSKY, 1931, p. 389).

CONTINUIDADE E DESCONTINUIDADE NA HISTÓRIA DAS IDEIAS

Para Bronckart (1999), a proximidade entre esses enfoques da dialética no campo da reconstrução das ideias é inteiramente superficial. Para ele, a via epistemológica seguida por nossos autores para superar os dualismos que enfrentavam tem uma significação muito diferente.

Nesse sentido, a perspectiva que Piaget utiliza para interpretar a superação das versões metodológicas parciais na psicologia só podem oferecer um viés de conciliação de posições. Ao contrário, a crítica vygotskiana às posições dualistas não busca uma terceira via filosófica, e sim o alcance de uma autêntica ruptura. Em lugar da integração "superadora" do estruturalismo genético, Vygotsky teria situado os problemas em uma via radicalmente diferente.

Em nossa opinião, porém, a "terceira via" proposta por Piaget envolveu uma mudança substancial do ponto de vista epistemológico, se é que podemos ver o estruturalismo genético como uma posição construtivista. Ao questionar a versão moderna dos planos contrapostos de sujeito e objeto para passar à "síntese" do tratamento em um mesmo plano, Piaget coloca os problemas a partir de outro lugar teórico. Com isso, estabelece uma ruptura com a tese clássica dos saberes "dados" no objeto ou no sujeito. Ao mesmo tempo, alguns aspectos das teorias clássicas se integram, embora conceitualmente modificados, na perspectiva construtivista. As conjeturas construtivistas da filosofia de Kant e a relevância da gênese na filosofia empirista inglesa são alguns exemplos.

Além disso, segundo os comentários de van der Veer e Valsiner (1991), Vygotsky (1991) rompeu com o reducionismo e com o espiritualismo na psicologia, mas avaliou-os segundo o esquema hegeliano de tese, antítese e síntese. Por exemplo, ao questionar as teses do materialismo mecanicista da reflexologia de Pavlov ou do espiritualismo de Dilthey, considerou que poderiam ser incorporados elementos dessas teorias em um movimento crítico que as transcendesse. Em última instância, não há oposições rígidas no campo das ideias, e sim um todo contínuo: o discurso sobre as ideias.

Segundo nossa interpretação, os modos como Piaget e Vygotsky enfrentaram as questões referentes à análise dos problemas metodológicos e históricos são bastante semelhantes. Em ambos os casos, a síntese dialética supõe continuidade e descontinuidade com os pontos de vista superados. O enfoque é perfeitamente compatível com os dois autores, quer se trate da reconstrução histórica da epistemologia interna da ciência ou de seu próprio procedimento metodológico na pesquisa psicológica – pelo lado de Piaget – ou da metodologia de análise e da elaboração da psicologia geral – em Vygotsky.

Por último, nossos autores consideram dialeticamente a constituição dos fatos científicos, mesmo quando seus problemas são diferentes. Não há dúvida de que a crítica ao empirismo fez parte da elaboração do construtivismo, em oposição à cisão entre razão e experiência. Do ponto de vista epistemológico, pode-se considerar que os observáveis são dependentes dos esquemas de interpretação: qualquer "leitura da experiência" supõe hipóteses, seja no conhecimento das crianças ou na ciência.

para refletir !!!

Há uma relação não circular, mas dialética, entre teorias e observações, pois o que é resultado empírico de uma elaboração onde intervêm as hipóteses converte-se, em outro plano, em observável para a formação de novas hipóteses.

No caso de Vygotsky, mostramos que sua epistemologia da pesquisa psicológica se caracterizava por sua recusa à leitura direta da experiência, assim como a um método puramente experimental, à margem dos problemas teóricos. Trata-se de uma relação interativa entre os aspectos teóricos e empíricos, com ênfase na teoria, que pode ser considerada compatível com a perspectiva da epistemologia genética.

AS CONTRADIÇÕES E AS OPOSIÇÕES

Uma vez assinaladas as semelhanças da dialética a propósito do enfoque metodológico, vamos destacar suas diferenças de estrutura quando cada programa de pesquisa se ocupa do processo de desenvolvimento psicológico.

No caso de Piaget, a categoria foi tematizada em várias oportunidades e adota claramente os traços que derivam do caráter do processo de construção dos sistemas cognitivos. Assim, insistimos na natureza da contradição natural como uma instância subordinada à dinâmica da equilibração, e não como o núcleo de um desenvolvimento intelectual; mostramos, também – e sobretudo –, que a dialética se referia aos "processos inferenciais" que as crianças realizam no transcurso dos processos construtivos. As modalidades que adota são:

- as interações entre sujeito e objeto;
- a formação de sistemas a partir de subsistemas ou fragmentos independentes;
- as diferenciações e integrações dos esquemas de ação;
- a relativização dos conceitos; e
- as retroações dos saberes mais avançados sobre seus antecedentes.

Para caracterizar esses processos, Piaget utiliza as mesmas denominações em suas concepções clássicas – às vezes, com o mesmo significado, embora em geral lhes atribua um sentido diferente, certamente "específico" e relacionado com o movimento da atividade cognoscitiva dos sujeitos sobre os objetos. É o que ocorre com termos como **contradição**, **unidade de contrários**, **negação** e **síntese**. Um caso bem característico é o da unidade de contrários no estudo da gênese de sistemas lógico-matemáticos.

Vygotsky, por sua vez, formulou uma dialética para o desenvolvimento das funções psicológicas superiores que também adquire os traços próprios dos processos examinados, embora não pareça tê-la tematizado enquanto categoria filosófica. As ideias apresentadas em *História das funções psicológicas superiores* e comentadas por Sève (1999) permitem identificar algumas de suas modalidades mais relevantes. Basicamente, reconhecem-se nelas as características próprias da perspectiva de Marx: a utilização sistemática da contradição e da unidade de contrários para interpretar o processo de desenvolvimento dos fenômenos psíquicos superiores, assim como a negação da negação e a superação dialética.

Muito particularmente, ao estudar a natureza do desenvolvimento psicológico e depois de questionar o conceito de "desenvolvimento" das formas superiores de conduta como manifestação do já dado internamente, Vygotsky oferece sua própria alternativa. A intervenção das formas culturais sobre essa conduta mais avançada torna-as irredutíveis a um processo maturativo: "a criança, ao longo de seu desenvolvimento, começa a aplicar à sua pessoa as mesmas formas de comportamento que a princípio outros aplicavam com relação a ela" (VYGOTSKY, 1995, p. 146), e por isso, "se compreenderá facilmente por que todo o interno nas funções psicológicas superiores foi antes externo" (VYGOTSKY, 1995, p. 147). Ele diz, inclusive, que "o pensamento verbal equivale a transferir a linguagem ao interior do indivíduo, do mesmo modo que a reflexão é a internalização da discussão" (VYGOTSKY, 1995, p. 147).

Para o pensamento de Vygotsky, o aspecto característico de uma função psicológica superior é justamente sustentar-se em uma contradição "interna" entre indivíduo e sociedade. Assim, trata-se da unidade dos contrários como polos opostos de uma realidade; nesse caso, a apropriação psicológica dos signos sociais ou das ferramentas culturais (SÈVE, 1999). Essa unidade se concretiza em um dinamismo que liga o social ao individual de um modo completamente original.

Vygotsky afirma: "quando dizemos que um processo é externo, queremos dizer que é social. Toda função psicológica superior foi externa por ter sido social antes de interna" (VYGOTSKY, 1931, p. 150). Isso significa que o externo – o social – opõe-se ao interno – o psiquismo individual –, como dois polos contrários da mesma realidade, como o idêntico na diferença.

> **importante** »
>
> As funções psicológicas propriamente humanas são tanto individuais quanto sociais, no domínio, por parte de cada criança, das ferramentas culturais e em sua interação com outro que sabe mais. Inclusive, o psiquismo superior só existe na relação dos opostos, e a hegemonia de um dos polos antagônicos se modifica para a do outro durante sua gênese.

Na mesma linha, Vygotsky exemplifica o desenvolvimento cultural da criança em relação à aquisição do gesto indicativo, e, para isso, recorre às etapas hegelianas do em si, fora de si e para si. Um movimento interrompido ou não realizado do bebê passa a ser interpretado em uma segunda instância, por outra pessoa, "só mais tarde; devido à criança relacionar seu movimento fracassado com toda a situação objetiva, ela mesma começa a considerar seu movimento como uma indicação", isto é, "passamos a ser nós mesmos através de outros".

Nisso reside a essência do processo de desenvolvimento cultural expressado de forma puramente lógica. "A personalidade vem a ser para si o que é em si através do que significa para os demais" (VYGOTSKY, 1931, p. 149). Ou, com respeito à relação entre o externo e o interno na constituição dos fenômenos psíquicos especificamente humanos, "torna-se evidente [...] a razão por que todo o interno nas formas superiores era forçosamente externo, isto é, para os demais o que é agora para si" (VYGOTSKY, 1931, p. 149).

Essa sequência, despojada da mística idealista de Hegel, tem pleno sentido para descrever a conformação dos processos conscientes ou a conformação da subjetividade na vida social. Em outras palavras, a estrutura da unidade de contrários é claramente de raiz hegeliana.

Ao contrário, quando Piaget questiona a constituição dos sistemas de conhecimento, essa dimensão dialética se aproxima mais da oposição real postulada por Kant. Não tem sentido caracterizar a constituição de um sistema lógico-matemático, como o conjunto das partes ou a noção de número inteiro nas crianças, à maneira hegeliana. Há um trabalho de construção por parte do sujeito que produz as entidades ou os conceitos a partir de outros.

Algo semelhante ocorre ao caracterizar a constituição de uma teoria na história da ciência, em que não se pode falar de conceitos que chegam a ser eles mesmos pela negação de outros conceitos ou que um conceito seja pela negação de outro ou se desenvolva para outra forma superior. As reorganizações conceituais provêm da atividade da comunidade científica com seus objetos. Muito pouco se poderia afirmar sobre esses processos caso se deixasse de lado essa atividade construtiva.

> **importante >>**
>
> É crucial assinalar que a estrutura da dialética em Vygotsky e Piaget é adequada ao caráter dos problemas sobre os quais eles perguntaram. Ou seja, essa estrutura adquire, em cada caso, os traços que emanam da pesquisa de determinada dimensão do desenvolvimento psicológico.

Piaget e Vygotsky compartilharam o esforço para reconstruir rigorosamente a história das ideias científicas como uma perspectiva metodológica. Por outro lado, ambos procederam a expor *post hoc* a elaboração dos conceitos pertencentes às ciências, especialmente a psicologia do desenvolvimento, evitando qualquer apriorismo. Além disso, a estrutura que adota a dinâmica dos processos do desenvolvimento psicológico – no primeiro caso, das funções psicológicas superiores; no outro, da formação dos sistemas cognitivos – é específica de cada campo de pesquisa.

A DIALÉTICA NA EXPLICAÇÃO GENÉTICA DA INSPIRAÇÃO PIAGETIANA

Piaget julgava que, na emergência de novas formas de conhecimento, intervinham diferentes fatores, como, por exemplo:

- a experiência física;
- a maturação biológica; e
- o "meio" social.

Contudo, esses fatores só podiam ser interpretados desde que fossem postuladas as condições necessárias e suficientes que dariam lugar à emergência das novas formas. Nesse sentido, fatores como "o ambiental", o "saber pré-programado" no cérebro ou sua somatória não podiam explicar a formação de saberes originais. Ao contrário, era necessário propor um mecanismo explicativo que os integrasse em uma totalidade dinâmica. A seguir, vamos apresentar o esboço piagetiano de explicação para o desenvolvimento cognitivo e identificar ali o lugar da dialética.

Piaget se ocupou da explicação na psicologia em *História e método da psicologia experimental* (PIAGET; FRAISSE, 1976) e em *Epistemologia das ciências do homem* (PIAGET, 1970). Em linhas gerais, distinguiu três níveis de aproximação ao problema.

▶ No **primeiro nível**, trata-se de estabelecer leis por generalização de "fatos", as quais não são explicativas porque se limitam a comprovar uma relação fática, adequada a um nível de conhecimento descritivo.

▶ No **segundo nível**, essas relações inserem-se em um sistema dedutivo, de modo que cada lei pode ser reconstruída dedutivamente, com certo grau de necessariedade lógica, no sentido de que algumas leis podem ser inferidas de outras.

▶ Apenas em um **terceiro nível** chega-se a uma autêntica "explicação causal": na pesquisa psicológica, as leis se encarnam em "modelos abstratos" referentes ao modo como funciona um processo real. Ou seja, elege-se um substrato ao qual se atribui o sistema dedutivo. Esse sistema pode ser representando pela matemática das probabilidades, pela teoria dos jogos ou pela álgebra de Boole, ou pela lógica formalizada de proposições. Desse modo, o substrato escolhido – por exemplo, as ações lógico-matemáticas das crianças que resolvem problemas de substância ou peso – pode ser explicado pelo recurso aos "agrupamentos operatórios".

Estamos diante da tese racionalista – herdada de Spinoza e de Leibniz – que define a explicação como uma "atribuição do sistema dedutivo ao mundo real" (PIAGET, 1971).

para refletir !!!

Como Piaget avalia sua última versão da teoria da equilibração, elaborada posteriormente aos seus escritos sobre a explicação?

No Apêndice 1 de *Teoria da equilibração das estruturas cognitivas*, ele situa as hipóteses dessa obra em um nível que transcende claramente a descrição e que a colocaria, a nosso ver, no segundo nível do processo explicativo. Isso implica o reconhecimento da insuficiência de uma caracterização dessa teoria como dedutiva.

Pode-se afirmar que a busca por modelos abstratos foi frutífera para conectar as estruturas operatórias com os comportamentos dos sujeitos, o que os torna inteligíveis, no sentido de um sistema estrutural que apresenta uma razão (o porquê) para as atividades e os argumentos operacionais. Contudo, é difícil pensar em algo parecido com modelos abstratos que, apoiados em observações, deem conta da equilibração dos sistemas cognitivos. Por isso, Chapman sugeriu uma ampliação do modelo explicativo para um modelo causal vinculado aos sistemas contemporâneos da autorregulação, o que parece coerente com o programa piagetiano (CHAPMAN, 1988).

para refletir !!!

Para atribuir um estatuto teórico adequado à equilibração enquanto explicação da criação cognitiva, é preciso ir além das explicações mediante modelos abstratos. "O estudo das relações entre a psicologia individual e a vida social não deve se restringir ao estudo da conduta madura ou adulta [...] Somente a gênese é explicativa e fonte de informação controlável" (PIAGET, 1970, p. 173).

Bronckart (2000) tem razão quando distingue o método genético, utilizado sistematicamente por Piaget – e por Vygotsky – na pesquisa psicológica, da possibilidade de formular uma "explicação genética" para as novas formas do conhecimento ou para as funções psicológicas superiores. Reconhecendo o caráter problemático desse tipo de explicação no programa piagetiano, apresentamos, neste ponto, uma versão sumária que provém de nossa interpretação dos textos do autor.

Em princípio, falamos de explicação genética no sentido de que a dinâmica do funcionamento do subsistema cognitivo produz ideias originais (a propósito de um novo estado do sistema ou de sua reorganização) ou novos possíveis (por combinação de esquemas procedimentais). Essa produção emerge das interações de seus componentes, o sujeito e o objeto, em diferentes campos do conhecimento:

- coordenações de esquemas (ou teorias) e observáveis;
- abstrações reflexionantes e empíricas;

- tomadas de consciência; e
- atribuições de relações aos objetos.

importante >>

A reorganização de qualquer sistema de conhecimento por reequilibração em suas interações é modulada, ainda, pela intervenção de outros subsistemas, neurobiológico e social, segundo uma perspectiva de "sistema complexo" proposta por García (2000).

Entretanto, onde fica a dialética nessa explicação genética? Fundamentalmente, essa explicação inclui os processos dialéticos no funcionamento equilibrador do sistema cognitivo. A nosso ver, tal explicação contém dois aspectos que podem ser chamados de dialéticos: as **contradições "naturais"**, por um lado, e as **inferências dialéticas**, por outro.

Em primeiro lugar, vêm as contradições naturais estudadas por Piaget e reencontradas vez ou outra nos estudos de mudança conceitual:

a crença das crianças de que as mesmas ações podem conduzir a resultados diferentes;

a ausência de compensação entre os fatores que intervêm em uma experiência; e

as contradições derivadas das inferências particularmente associadas às falsas implicações.

Em um estudo sobre a correspondência de conjuntos, quando o experimentador estende uma fileira de fichas em correspondência ótica com outra fileira, ele pergunta às crianças se agora as fileiras têm ou não a mesma quantidade. As crianças de uma certa idade entram em contradição. Por um lado, elas afirmam: "se eu conto, elas têm a mesma coisa" (recorrendo a um esquema de correspondência entre os números e os objetos); por outro, elas dizem: "mas se eu olho, elas têm diferença" (recorrendo a um esquema de quantificação baseado na distribuição espacial das fichas). Já em um estudo sobre ideias políticas, as crianças de ensino fundamental atribuem ao presidente simultaneamente as funções de "mandar" e "não mandar", em uma versão personalizada da autoridade política.

Em geral, trata-se de um tipo de desequilíbrio ou desajuste de afirmações e negações no sistema cognitivo que integra o processo equilibrador de aquisição dos sistemas lógico-matemáticos e daquilo que consideramos atualmente como conhecimento "de domínio". Esse conflito, seja entre esquemas no sentido piagetiano ou entre hipóteses infantis, seja entre esquemas ou hipóteses e observáveis, é uma das condições que permite pôr em marcha os instrumentos de abstração e generalização, assim como a descoberta de novos possíveis. A contradição só adquire significado epistêmico quando existe tomada de consciência e, além disso, sua relevância para a transformação do conhecimento depende da ativação dos instrumentos mencionados.

importante >>

As contradições ou os conflitos não são os agentes da reorganização conceitual, não produzem por si mesmos o desenvolvimento dos sistemas de conhecimento. Eles são, antes de tudo, desencadeadores, em certas condições, da atividade inferencial que reorganiza as ideias.

Permitimo-nos aqui um breve comentário acerca da inelutabilidade da resolução dos conflitos. Uma das dificuldades do pensamento dialético em psicologia do desenvolvimento, tal como foi interpretado no mundo educacional e psicológico, parece residir em sua concepção "determinista", ou seja, na ideia de que os processos impulsionados pelos conflitos se cumprem inexoravelmente. Voltamos a encontrar, aqui, uma certa semelhança com o pensamento de Marx.

Em certa caracterização caricatural, suas ideias foram apresentadas como se afirmassem que as possibilidades criadas por uma contradição ocorriam inelutavelmente, que a mudança social, por exemplo, era inevitável. Contudo, o fundador do socialismo científico considerava que as condições históricas poderiam dar lugar ou não à realização daquelas possibilidades. Logo, uma linha de desenvolvimento histórico não está predeterminada nos conflitos, e aquela que se realiza de fato tampouco é inteiramente casual, dadas as condições que favorecem o desenvolvimento de uma das possibilidades.

Se de uma contradição lógica se infere a totalidade dos enunciados e de suas negações, o mesmo não ocorre com a contradição dialética. Obviamente, de uma contradição dialética não se infere a totalidade dos enunciados possíveis que contém, como ocorre com a lógica formal; apenas em determinadas condições históricas se realizarão algumas das possibilidades no desenvolvimento histórico.

No que diz respeito às contradições naturais de que fala Piaget, há um ponto de contato com o pensamento de Marx, ressalvados os níveis diferentes dos problemas: uma contradição experimentada por uma criança (ou um aluno) não determina automaticamente que seja solucionada; sua resolução não é inelutável. Por isso, a verificação de fracassos em tal resolução no desenvolvimento infantil das formas de pensamento não é um testemunho do fracasso da categoria, como interpretaram muitos psicólogos.

Há conflitos que talvez não se resolvam (aqueles dos quais não se possa ter consciência ou em que não se disponha de meios para fazê-lo), e, em geral, requerem-se certas condições para sua resolução, por exemplo:

- o momento relativo da elaboração das ideias;
- os sistemas inferenciais por parte da criança; ou
- a exigência de novas informações além das disponíveis.

De resto, se os sujeitos não podem pôr em marcha os processos de abstração ou generalização completiva que reorganizam as ideias, os conflitos não se resolvem.

importante >>

Na perspectiva de Piaget um conflito cognitivo não conduz por si só à solução, já que se trata apenas de um forte desequilíbrio das ações do sujeito: a construção é um processo posterior que o sujeito do conhecimento realiza. Sem dúvida, quando se estuda a construção de sistemas inferenciais já alcançados, parece que "mais cedo ou mais tarde" os conflitos se resolvem.

Em segundo lugar, e retornando aos aspectos da dialética piagetiana, durante os processos de reorganização cognitiva, produz-se aquela vinculação significativa das noções ou dos sistemas de conceitos com outros "mais avançados", caracterizada em *As formas elementares da dialética*. Trata-se do **"lado inferencial da equilibração"**, em contraposição ao lado causal, como processo de interação sistêmica produzida pela novidade. Essa produção de inferências move-se no plano implicativo do conhecimento.

A integração em sistemas a partir de outros independentes ou a relativização dos conceitos equivale a consequências que "acrescentam" algo às suas premissas, e não se deduzem destas. Estamos diante de uma conexão significativa entre os esquemas desenvolvida ao longo do tempo, que foi analisada de modo semelhante às implicações significantes em *Para uma lógica das significações* (PIAGET; GARCÍA, 1989).

Na obra *Para uma lógica das significações*, tais implicações são analisadas a partir da coordenação de ações sensório-motrizes nos bebês: um esquema de conhecimento implica (de modo significante) um outro se o segundo estiver englobado no primeiro e a relação for transitiva, como ocorre no caso do esquema de atirar, de um mediador tido como antecedente, para efetivar o esquema de agarrar um objeto. No caso das inferências dialéticas, as vinculações que asseguram a novidade da conclusão a respeito da premissa temporal são igualmente significativas.

Nesse sentido, é muito interessante a questão levantada por Bronckart (1999, 2000) a respeito da possibilidade de formular explicações genéticas nas perspectivas psicogenéticas: no caso de Piaget, no que diz respeito à "novidade" dos sistemas de conhecimento; no de Vygotsky, para dar conta do surgimento de níveis de organização do funcionamento psicológico. Algumas perguntas relevantes a esse respeito são:

- Como se pode explicar "a atribuição consciente de significados"?
- É possível explicar as significações?
- Em algum sentido, o não significativo pode causar o significativo?
- Até que ponto podemos dizer que os sistemas psicológicos constituem as condições requeridas para dar conta da formação dos significados?

importante >>

Para Bronckart, as condições de emergência das significações nos colocam no plano das ações. Assim, a consciência dos significados depende das ações do meio humano, e é nesse âmbito que se formam as ações individuais. Dado que qualquer ação contém intenções e razões, não se aplica a relação de causa e efeito. Segundo essa interpretação do pensamento vygotskiano, pode-se falar de uma explicação em termos da apropriação, por parte dos indivíduos, das ações já constituídas (na cultura).

Reconhecendo as fortes diferenças assinaladas por Bronckart entre "construção de significados pelo indivíduo", em Piaget, e "apropriação individual de significados preexistentes", em Vygotsky, pode-se afirmar que o primeiro autor avançou, no fim de sua obra, em uma reformulação do alcance dessa construção. As inferências dialéticas são um encadeamento criador de significados. Ao recorrer ao lado "implicativo" da equilibração, asseguram um complemento para os aspectos propriamente "causais" do funcionamento cognitivo, enquanto condições que provocam a produção de ideias.

Mais ainda, poderíamos dizer que uma explicação para a construção de novidades exige a inclusão da conexão construtiva dos significados. Essa conexão não pertence ao reino das causas, mas ao das razões ou das implicações, que mantém uma relação de paralelismo com o primeiro, tal como via Piaget em *História e método da psicologia experimental* (PIAGET; FRAISSE, 1976). Nesse sentido, como destaca Bronckart (1996), Piaget atribui um lugar crucial à atividade significativa no desenvolvimento cognitivo, fazendo duas importantes ressalvas:

▶ a atividade significativa é irredutível aos processos causais, próprios do mundo neurobiológico;

▶ por outro lado, com um espírito próximo a Spinoza, sua tese do isomorfismo entre significados e causalidade se diferencia do paralelismo ontológico de raiz cartesiana.

Uma proposta de explicação genética daria uma interpretação de conjunto justamente para a formação das relações de significação entre as ações. Estamos diante da própria construção do conhecimento como problema epistemológico; por isso, a interpretação piagetiana situa a dialética no nível de análise do processo equilibrador das relações matemáticas ou espaciais, que são claramente relações significativas. Esse processo seria um tipo de explicação genética para a elaboração do conhecimento, dentro do qual as inferências dialéticas dariam conta dos saberes novos.

importante >>

Na perspectiva de Piaget, não se postula uma dialética *a priori* para explicar o desenvolvimento, e sim um processo inferencial que se insira em uma teoria explicativa, que deve ser contrastada. Portanto, as virtudes ou as insuficiências das hipóteses acerca da dialética do conhecimento são avaliadas segundo a consistência teórica da teoria explicativa e, indiretamente, de acordo com sua credibilidade empírica.

Por último, recordamos a adequação entre a estrutura da dialética e a explicação do processo construtivo de sistemas ou teorias infantis. Ao explicar a constituição de sistemas geométricos ou matemáticos (para nós, também de sistemas conceituais em diferentes domínios), os vieses "não hegelianos" são adequados, particularmente por se referirem a aspectos do processo de construção de relações lógico-matemáticas, demonstrações ou sistemas conceituais. Já mostramos que não teria sentido falar do "trabalho negativo" dos conceitos à margem dos sistemas de conhecimento construídos nas interações.

Finalmente, a dialética como uma inferência criadora não é um agente autônomo das transformações do conhecimento, e sim "o aspecto inferencial" do processo conjunto de equilibração, do próprio ato de construção das novas ideias em termos implicativos. Em resumo, uma primeira análise conceitual parece mostrar que a estrutura do processo dialético é compatível com a proposta de explicar a novidade.

Para concluir, acrescentamos um comentário acerca da importância do pensamento dialético com relação à mudança conceitual, um dos problemas centrais abordados hoje na psicologia cognitiva do desenvolvimento. Susan Carey (1999, p. 293), talvez a pesquisadora neoinatista com maior inquietação epistemológica, disse o seguinte: "Explicar a emergência da novidade, do genuinamente novo, está entre os mais profundos mistérios enfrentados pelos estudiosos do desenvolvimento".

Carey também mostrou ter sérias dúvidas quanto à capacidade da teoria computacional de responder ao problema da mudança conceitual. Em particular, considerou que o mapeamento "por analogia" de um domínio de conhecimento mais elementar para outro mais avançado poderia ser insuficiente para explicar a novidade do novo sistema. Por isso, sugeriu algumas hipóteses de grande interesse acerca da origem de novos sistemas conceituais nas crianças, que vão além do esquema clássico.

definição

O *bootstrapping* (automodificação) é uma metáfora que Otto Neurath tornou célebre na epistemologia do século passado para referir-se à elaboração do conhecimento: "O bote que se constrói enquanto flutua em alto-mar". Isto é, uma nova teoria emerge sem estar fundada diretamente em uma anterior. Embora o novo conceito dependa de outros anteriores, ele não perde sua originalidade; assim como o bote se constrói com seus materiais, "uma pessoa constrói uma estrutura que trabalha enquanto flutua" (CAREY, 1999, p. 316).

Carey sustenta que a teoria da equilibração, identificada por ela com as contradições e a desequilibração de um sistema cognitivo, não pode explicar por que os sujeitos elegem este ou aquele modo de articular os conceitos. Ao contrário, a automodificação conceitual inclui um momento de contradição de certos fatos providos pela teoria anterior (vinculada à indiferenciação conceitual), embora essa fonte de desequilíbrio acabe por ser superada por uma articulação (diferenciação e integração posterior) que os combina. Nossas perguntas a esse respeito são:

- Essa automodificação conceitual não poderia ser descrita como uma dialética de inferências próprias da equilibração?

- O processo de diferenciação e integração conceitual caracterizado por Carey não seria similar à modalidade dialética descrita antes?

Em outras palavras, enquanto a autora considera que sua versão explicativa da mudança conceitual é claramente distinguível da equilibração, para nós ela é compatível em aspectos relevantes. Em particular, a equilibração inclui as contradições naturais ou os conflitos como ponto de partida para a construção das inferências dialéticas – por exemplo, desde os pontos indiferenciados até sua diferenciação e integração em uma síntese.

Naturalmente, concordamos com Carey que se trata de um processo de modificação de sistemas conceituais "de domínio", e não unicamente de sistemas lógico-matemáticos, o que constatamos na formação de noções sociais nas crianças (CASTORINA; FAIGENBAUM, 2002). Em resumo, a exigência de uma explicação para a novidade na mudança conceitual, a que procura responder o esboço de teoria de *bootstrapping*, evoca o processo de equilibração. Desse ponto de vista, a dinâmica da mudança conceitual é muito parecida com a dialética da contradição e das inferências não dedutivas.

para refletir !!!

Os pesquisadores discutiram muito sobre o lugar dos conflitos na produção da mudança conceitual, mas poucos questionaram, cuidadosamente, as diferenciações e integrações ou a relativização conceitual examinadas por Carey. Ou seja, eles ignoraram os aspectos propriamente inferenciais do processo de reorganização dos conhecimentos.

DIALÉTICA E EXPLICAÇÃO PSICOLÓGICA EM VYGOTSKY

O tema da explicação psicológica tem lugar central nas formulações vygotskianas, enunciando uma tentativa deliberada de construir uma psicologia explicativa em oposição a uma psicologia meramente descritiva. Em seu detalhado estudo sobre o lugar da análise na abordagem dos processos psicológicos superiores, Vygotsky defende uma relação estreita entre os **modos de análise** e o **desenvolvimento de explicações adequadas**. Nos dois casos, é crucial a intenção de recuperar a complexidade dos fenômenos a serem abordados e a necessidade de uma perspectiva dialética.

Como vimos antes, desde seus primeiros escritos – e de maneira clara em *O significado histórico da crise da psicologia* –, Vygotsky sugere uma relação de inerência entre construção de objeto e construção de método. Na conhecida fórmula do método como "pré-requisito e produto" da pesquisa psicológica – figura que pode ser considerada pertinente também para a análise do objeto –, autores como Newman e Holzman (1993) viram uma guinada fundamental com relação às perspectivas metodológicas instrumentais que consideram a metodologia como uma espécie de dispositivo produtor de insumos.

De maneira contrária, segundo a linha crítica desenvolvida por Vygotsky contra as elaborações metodológicas em uso – herdadas, em última análise, do paradigma E-R –, a construção metodológica deve ser orientada pela perspectiva teórica do fato, que resulta em uma construção de objeto específica. Desse modo, como já dissemos, a construção metodológica vygotskiana se realiza a partir de sua caracterização do objeto privilegiado de indagação, isto é, a constituição das funções psicológicas superiores.

Em seu escrito inicial sobre a consciência como objeto da psicologia do comportamento e, posteriormente, em *História do desenvolvimento das funções psicológicas superiores*, Vygotsky (1991, 1995) sugere que um dos desafios centrais da explicação psicológica, em atenção à especificidade das funções superiores humanas, seja o surgimento de sistemas de regulação não biológicos com base nos sistemas de atividade orgânicos, ou seja, o surgimento de formas superiores de regulação psicológica, entendidas como aquelas originadas da vida social, comparáveis ao desenvolvimento de um controle voluntário, ao domínio de meios semióticos que permitam uma autorregulação.

> **importante** »
>
> Vygotsky partia da noção de "sistema de atividade" de Jennings, que designa um sistema que marca as possibilidades e os limites do desenvolvimento ou da atividade dos organismos.

A peculiaridade da criança, tal como entende Vygotsky, é o caráter, digamos, "aberto" desse sistema, ou seja, o caráter articulável que teria o sistema de atividade orgânico humano com o uso das ferramentas culturais, principalmente os signos. Em última instância, a pergunta central se refere à eficácia que parecem ter os signos e os sistemas de atividade culturais na reorganização dos sistemas "naturais" de regulação psicológica. O que se deve explicar é o caráter inovador que têm, na ontogênese, os sistemas de atividade.

Vygotsky (1931, p. 39) entende, portanto, que a explicação deve ser buscada na peculiaridade da interpenetração dos processos biológicos e culturais. "Um sistema não substitui o outro; eles se desenvolvem conjuntamente. São dois sistemas diferentes que se desenvolvem juntos, formando, de fato, um terceiro novo sistema de um gênero muito especial." Esses novos sistemas de atividade expressam e concretizam a unidade dialética da tensão entre as linhas natural e cultural de desenvolvimento no curso da ontogênese.

> **importante** »
>
> As decisões metodológicas devem acompanhar a concepção do caráter complexo – não redutível a seus componentes – dos sistemas de atividade psicológica superiores, que, por sua vez, precisam ser reconstruídos, como vimos, lógica e historicamente, a fim de realizar uma genuína reconstrução dialética da natureza dos processos.

Em *História do desenvolvimento das funções psicológicas superiores*, Vygotsky diz que, na pesquisa da constituição dos sistemas de atividade complexos, utilizam-se dois métodos essenciais: o exame genético e o estudo comparativo. Eles reconstroem os diversos nexos que adquire a "síntese complexa" dos sistemas biológicos e culturais, "o caráter de entrelaçamento", "a lei reguladora de sua síntese" (VYGOTSKY, 1931, p. 40).

Já vimos como a interface entre os sistemas pode revelar assincronias ou fenômenos como os que Vygotsky recordava, descritos por Wundt como "desenvolvimento prematuro", pela exposição precoce da criança a sistemas de atividade culturais de que ela não pode se apropriar plenamente. Contudo, o próprio Vygotsky advertia para a existência de certa tração ou certo efeito sobre o desenvolvimento em que era importante distinguir os processos em si, para outros e para si, como no caso analisado da defasagem entre o desenvolvimento da comunicação linguística e a apropriação de conceitos em sentido estrito.

É preciso levar em conta que já se prenunciava, aqui, o lugar que ocuparia, pouco depois, a categoria de zona de desenvolvimento proximal (ZDP), na qual a assimetria relativa entre as competências dos sujeitos que interagem tem um papel eficaz na produção de cursos de desenvolvimento específicos. No entender de Rowlands (2000), a categoria de ZDP deveria ser abordada primordialmente como um dispositivo metodológico que expressaria as teses resenhadas neste item a respeito do funcionamento intersubjetivo e da mediação de ferramentas culturais como elementos inerentes à unidade de análise recortada.

Existem dinâmicas ou mecanismos de geração de efeitos já considerados pelo próprio Vygotsky. Um exemplo envolve os mecanismos referentes à interface entre o ato de pegar e o gesto de apontar, quando são necessárias a mediação da cultura e a atribuição intencional para produzir um efeito comunicativo no gesto que permitirá que a conduta se manifeste, *a posteriori*, como intencionalmente comunicativa ou comunicativa em sentido estrito.

Apesar de não existir, no tratamento do exemplo em Vygotsky, uma delimitação entre o surgimento dos gestos protoimperativos e protodeclarativos no desenvolvimento infantil, como assinalou Rivière (1998), é evidente que, em Vygotsky, havia a ideia de continuidade relativa entre atividade instrumental e comunicativa ou seu "prolongamento" no plano das relações intersubjetivas; isso implicava, de fato, uma nova expressão da variação de unidades de análise. A conduta comunicativa e o uso dos signos em sua dinâmica são o resultado da confluência de processos heterogêneos e de concreção variável conforme a natureza dos elementos em jogo e a característica variável de seus nexos funcionais.

> **importante** »
>
> Como advertia Vygotsky (1995, p. 41), o acoplamento ou a integração dos sistemas de atividade da criança e da cultura produz "uma série que não é única e contínua, nem rigidamente fechada, e sim uma série de gênero, de caráter e de graus diferentes". A abordagem genética implica o estudo das interações particulares que terão os sistemas de atividade ao longo do desenvolvimento.

Na avaliação de Vygotsky, outra via privilegiada de acesso à explicação do desenvolvimento seria a análise comparada das diversas formas dele. Isso sempre deveria ser feito, é claro, sob a premissa teórica de construir teoricamente o objeto de forma adequada, de tal modo que a diversidade natural e a diversidade cultural não fossem vistas como o remate exclusivo de uma linha de desenvolvimento, tampouco como a interconexão captada apenas de um modo descritivo, que não percebesse os nexos funcionais dos processos.

Feita essa ressalva teórica, a diversidade do desenvolvimento – expressada tanto no desenvolvimento das pessoas cegas, surdas, etc., quanto no variado arco da diversidade cultural – constituía, em muitos casos, uma espécie (infeliz, às vezes) de experimento natural ou cultural que permitia identificar as linhas de fratura, as divergências, a complexidade dos sistemas. Como vimos, o desenvolvimento "normal" ou centrado apenas nas formas "avançadas" mostrava na aparência processos lineares, homogêneos ou convergentes *a priori*, conduzindo a explicações redutivas que não revelavam a unidade dialética em tensão de seus componentes.

No terreno das "necessidades especiais" ou da velha e pouco eufemística "*defectologia*", costumava-se confundir maturidade orgânica com domínio das formas culturais de mediação, sem estabelecer distinções adequadas, confundidos pela "ilusão da convergência" entre desenvolvimento normal e cultural. Contudo, a pedagogia curativa, na avaliação de Vygotsky, já havia encontrado um caminho prático de criação de "vias colaterais de desenvolvimento cultural" da criança "anormal". Ou seja, a prática educativa produzia, de fato, formas diferentes de desenvolvimento cultural – como a escrita em braile permitia chegar a um desenvolvimento da escrita funcionalmente equivalente, embora com base em processos radicalmente diferentes no desenvolvimento (ROSA; OCHAITA, 1993) –, mesmo que a reflexão teórica psicológica estivesse atrasada na compreensão dos processos que se produziam.

> **importante** »
>
> Vygotsky atribuía à abordagem dialética da explicação psicológica a função de reconstruir os processos psicológicos a partir de uma perspectiva genética; nesta, o desenvolvimento era entendido como um processo também de natureza dialética.

Como já argumentamos, o método em psicologia deveria superar concretamente o seguinte dualismo:

- de um lado, as concepções empiristas, que limitavam o objeto de suas explicações de tipo causal aos processos elementares; e

- do outro lado, as concepções espiritualistas ou idealistas, que insistiam em que a abordagem dos processos superiores deveria romper com sua materialidade e corresponder a explicações teleológicas.

Dissemos, no início deste item, que o desenvolvimento de uma psicologia explicativa em oposição a uma descritiva era, para Vygotsky, uma espécie de urgência do estado da disciplina. Na análise dos processos psicológicos de tipo superior, ele explicita alguns dos pressupostos que estimulam sua ideia de explicação psicológica. Veremos que ele entendia a análise bem-concebida como uma abordagem central dos processos de explicação, desde que a tarefa analítica não se separasse das premissas teóricas nem do caráter sistêmico das unidades.

Em *História do desenvolvimento das funções psicológicas superiores*, Vygotsky (1931, p. 99) diz que a análise estrutural tinha como objetivo "esclarecer os nexos e as relações entre eles (os elementos) que determinam a estrutura da forma e do tipo de atividade originada pelo agrupamento dinâmico desses elementos". A análise dos processos superiores deveria centrar-se, como se viu, na análise do processo *versus* a análise do objeto, visto que uma explicação genuína deveria captar "o desenvolvimento dinâmico dos momentos importantes que a tendência histórica do processo dado constitui" (VYGOTSKY, 1931, p. 101), entendendo a análise do processo como uma análise genética.

Em segundo lugar, Vygotsky recorda o caráter explicativo que deve ordenar a tarefa analítica. A verdadeira missão da análise, em qualquer ciência, é a de revelar ou pôr em evidência as relações ou os nexos dinâmico-causais que constituem a base de todo fenômeno. Desse modo, "a análise converte-se de fato na explicação científica do fenômeno que se estuda, e não apenas em sua descrição do ponto de vista fenomênico" (VYGOTSKY, 1931, p. 101). Alude ao tipo de análise genética ou genotípica que, na linha de Kurt Lewin, implica a descoberta da gênese do fenômeno, sua base dinâmico-causal, a diferença das abordagens "fenotípicas" que ficam presas no nível da aparência fenomênica.

> **importante** >>
>
> Os acordos referenciais na comunicação do adulto e da criança e sua equivalência funcional em certas situações podem se confundir com a identidade dos processos intelectuais de conceituação, embora existam diferenças críticas.

A explicação psicológica deve captar a legalidade das sínteses que se produzem, mantendo em tensão a reconstrução lógica ou estrutural dos processos e, como se viu, o caráter histórico que estes detêm em seu desenvolvimento concreto. Essa tensão se somará àquela existente entre a busca da legalidade genotípica e o desenvolvimento de explicações científicas sobre os fenômenos descritos no nível fenotípico, com sua especificidade.

Contudo, Vygotsky (1931, p. 104) esclarece que "a análise não se limita apenas ao enfoque genético, e estuda obrigatoriamente o processo como uma determinada esfera de possibilidades que, apenas em uma determinada situação ou em um determinado conjunto de condições, leva à formação de determinado fenótipo". Vemos, portanto, que o novo ponto de vista não elimina nem evita a explicação das peculiaridades fenotípicas do processo, mas as subordina em relação a sua verdadeira origem.

Vygotsky parecia estar lutando contra o temor de que a reconstrução da lógica geral que estimula os processos se cindisse da dinâmica dos processos concretos a serem explicados, incluída sua aparência fenomênica. Como vimos, uma característica da perspectiva dialética, nesse sentido, era a sutil e profunda interconexão entre abordagem estrutural e histórica, de tal forma que a reconstrução analítica de um processo não se separava das definições dos processos em sua história concreta.

CONSIDERAÇÕES FINAIS

O propósito do presente capítulo foi estabelecer as semelhanças e as diferenças entre a concepção dialética de Piaget e a de Vygotsky. No enfoque dos problemas relativos à história e à metodologia da disciplina psicológica, aparecem traços comuns nos usos estabelecidos pelos dois autores. Entretanto, foram apresentadas diferenças claras quanto ao tratamento de temas e problemas diversos no terreno do desenvolvimento.

para refletir !!!

Piaget e Vygotsky empenharam-se em reconstruir rigorosamente a história das ideias científicas como uma perspectiva metodológica e expuseram *post hoc* a elaboração dos conceitos pertencentes à psicologia do desenvolvimento, evitando posições apriorísticas.

Quanto ao tratamento dado à categoria da dialética, no caso de Piaget, ela é considerada deliberadamente e em estreita relação com sua preocupação com os processos de construção dos sistemas cognitivos. Por isso, como mostramos, adquirem uma relevância particular os temas relativos à contradição natural, tratada como uma instância subordinada à dinâmica da equilibração, e não como núcleo de um desenvolvimento intelectual.

A análise enfatizou também que, no caso de Piaget, a dialética se refere a "processos inferenciais" que as crianças realizam no transcurso dos processos construtivos. As contradições naturais e o tratamento do "lado inferencial da equilibração", em contraposição ao lado causal, têm uma intervenção relevante na produção da novidade, como vimos. As contradições naturais e o aspecto causal, a nosso ver, aspectos dialéticos diferentes da explicação genética.

No caso de Vygotsky, a construção de uma abordagem dialética está estreitamente ligada à explicação do desenvolvimento das funções psicológicas superiores e, além disso, incorpora os traços vinculados aos processos em questão. Entretanto, como vimos, esse autor não parece ter tematizado a categoria de dialética enquanto categoria filosófica. Em linhas gerais, predominam aspectos da concepção hegeliano-marxista, embora eles sejam usados de modo original na abordagem do desenvolvimento dos processos psicológicos.

Vimos, também, que uma via desse desenvolvimento está presente na análise dos novos sistemas de atividade gerados no desenvolvimento que expressam e concretizam, na realidade, a unidade dialética da tensão entre as linhas natural e cultural de desenvolvimento no curso da ontogênese. A abordagem dialética caracteriza-se por responder à natureza qualitativa das mudanças e por evitar a redução do superior ao inferior, como também a unilateralização dos processos complexos.

para saber +

CASTORINA, J. A.; BAQUERO, R. J. **Dialética e psicologia do desenvolvimento**: o pensamento de Piaget e Vygotsky. Porto Alegre: Artmed, 2007. 216p.

REFERÊNCIAS

BIDELL, T. Vygotsky, Piaget and the dialectic of development. *Human Development*, v. 31, p. 329-348, 1988.

BRONCKART, J. P. La conscience comme "analyseur" des épistémologies de Vygotski et Piajet. In: CLOT, Y. *Avec Vygotski*. Paris: La Dispute, 1999.

BRONCKART, J. P. Las unidades de análisis en psicología y su interpretación: interaccionismo social o interaccionismo lógico? In: TRYPHON, A.; VONÈCHE, J. *Piaget-Vygotsky*: la génesis social del pensamento. Barcelona: Paidós, 2000.

CAREY, S. Sources of conceptual change. In: SCHOLNICK, E.; NELSON, K.; GELMAN, S. *Conceptual development*. London: Lawrence Erlbaum, 1999.

CASTORINA, J. A.; FAIGENBAUM, G. The epistemological meaning of constraints in the development of domain knowledge. *Theory & Psychology*, v. 12, n. 3, p. 315-334, 2002.

CHAPMAN, M. *Constructive evolution*. Cambridge: University Press, 1988.

GARCÍA, R. *El conocimiento en construcción*. Barcelona: Gedisa, 2000.

INHELDER, B.; PIAJET, J. Procédures et structures. *Archives de Psychologie*, xlvii, p. 165-176, 1979.

NEWMAN, D.; HOLZMAN, L. *Lev Vygotsky*: revolutionary scientist. London: Routledge, 1993.

PIAGET, J. *Epistémologie des sciences de l'homme*. Paris: Gallimard, 1970.

PIAGET, J. *Introducción a la explicación en las ciencias*. Barcelona: Martínez Roca, 1971.

PIAGET, J. *Sociological studies*. London: Routledge, 1995.

PIAGET, J.; FRAISSE, P. *Historia y método de la psicologia experimental*. Buenos Aires: Paidós, 1976.

PIAGET, J.; GARCÍA, R. *Psicogénesis e historia de la ciência*. México: Siglo XXI, 1981.

RIVIÈRE, A. *La psicología de Vigotsky*. Madrid: Aprendizaje Visor, 1988.

ROSA, A.; OCHAITA, E. *Psicología de la ceguera*. Madrid: Alianza, 1993.

ROWLANDS, S. *Turning Vygotsky on his head*: Vygotsky's scientifically based method and the socioculturalist's social other. *Science Education*, v. 9, p. 537-575, 2000.

SÈVE, L. Quelles contradictions? A propos de Piaget, Vigotsky et Marks. In: CLOT, Y. *Avec Vygotski*. Paris: La Dispute, 1999.

VAN DER VEER, R.; VALSINER, J. *Understanding Vigotsky*: a quest for synthesis. Oxford: Blackwell, 1991.

VYGOTSKY, L. El significado histórico de la crisis de la psicologia. In: VYGOTSKY, L. *Obras escogidas*. Madrid: Visor-MEC, 1991.

VYGOTSKY, L. *Historia del desarrollo de las funciones psíquicas superiores*. In: VYGOTSKY, L. *Obras escogidas*. Madrid: Visor-MEC, 1995.

>> 4

Ciclos de vida e ciclos de aprendizagem*

JOHN HERON

◎ habilidades e competências

>> Conhecer uma teoria contemporânea sobre a aprendizagem, percebendo uma interação dinâmica entre vida e mente.

● neste capítulo você estudará:

>> Os ciclos básico e reverso de aprendizagem do ego e de aprendizagem da pessoa.

---

* N. de E.: Capítulo originalmente publicado no livro ILLERIS, K. et al. *Teorias contemporâneas da aprendizagem*. Porto Alegre: Penso, 2012. 280p.

INTRODUÇÃO

Neste capítulo, apresento minha abordagem aos processos de vida e aprendizagem, derivada de minha teoria da pessoa (HERON, 1992). Ela leva a uma série de modelos e mapas – conjecturas estruturais – que o leitor é convidado a conhecer, como um conjunto de lentes para olhar diferentes aspectos da vida e da aprendizagem.

Como essas lentes proporcionam uma visão seletiva, por mais que possam esclarecer, elas também limitam. Elas não representam a realidade; não oferecem mais do que maneiras possíveis de interpretar nossa experiência. Elas se concentram em apenas um tipo de história, entre muitas outras concebíveis, sobre como vivemos e aprendemos. Contudo, creio que seja uma história proveitosa.

Muitos dos modelos não são apenas representações de um processo, mas prescrições práticas sobre um modo possível de administrar uma maneira de viver e aprender. Mais uma vez, essa prescrição é uma proposta experimental, uma hipótese de trabalho, algo que talvez mereça ser tentado de maneira experimental e crítica. É uma recomendação, não uma solução; um convite à investigação, não um dogma; um projeto exploratório, não uma resposta definitiva.

definição

Este capítulo reflete a interação dinâmica entre vida e mente, que é a polaridade básica de minha teoria da pessoa. Ela diz respeito à vida e à aprendizagem cotidianas. A primeira delas é a experiência diária, sem nenhum pensamento de aprender com ela; a segunda significa a intenção consciente de aprender por meio dessa experiência.

Analiso a vida e a aprendizagem em termos dos quatro modos psicológicos:

- afetivo;
- imaginário;
- conceitual; e
- prático.

Cada modo inclui uma polaridade básica entre uma função individuante e uma função participativa. Elas são concebidas como um ciclo, mas com a metáfora da hierarquia como fundamentação subjacente, isto é, o último modo mencionado não é controlado e governado, mas brota e floresce a partir do(s) modo(s) anterior(es).

Os **ciclos da vida cotidiana** e os **ciclos de aprendizagem** podem envolver apenas os modos individuantes, e, então, chamo-os de **ciclos do ego**, pois este somente se ocupa dos modos individuantes. Os ciclos da vida cotidiana e os ciclos de aprendizagem podem, por outro lado, envolver os modos participativos; nesse caso, chamo-os de **ciclos da pessoa**. Novamente, os ciclos do ego ou da pessoa podem ser **ciclos básicos** ou **ciclos de reversão**, em que o conceitual precede o imaginário.

Após discutir o ciclo de vida e o ciclo de aprendizagem do ego, exploro alguns dos estados perturbados em que o ego pode se prender. Depois disso, passo ao ciclo de vida e ao ciclo de aprendizagem da pessoa.

O PROCESSO CÍCLICO

A metáfora do ciclo básico representa o processo fundamental da psique, seu fluxo de vida por meio dos quatro modos, em um pulso rítmico contínuo. Derivado da hierarquia e tendo sua base no afeto, esse ciclo parte do modo afetivo e avança pelo imaginário, pelo conceitual e pelo prático, retornando ao afetivo, e assim por diante. A versão individuante desse ciclo básico é representada na Figura 4.1, que será apresentada mais adiante.

> **importante** »
>
> É o ciclo do ego, ocupado com os modos individuantes – emoção, imaginário, discriminação, ação –, que se agrupa ao redor das demandas da subsistência diária; as funções participativas têm envolvimento mínimo ou tácito.

No ciclo básico do ego, os modos individuantes excluem qualquer uso consciente dos modos participativos. No ciclo básico da pessoa, em comparação, o uso consciente dos modos participativos do sentimento, da intuição, da reflexão e da intenção envolve os modos individuantes, que, assim, são levados a uma consciência ampliada. A vida é considerada ainda mais: a subsistência diária é realinhada em uma harmonização com o esquema mais amplo das coisas.

Quando me refiro a um "ciclo de vida", não quero, é claro, falar do curso da vida inteira da pessoa, apenas da sucessão cíclica contínua de modos, que ocorre a cada minuto e a cada hora na vida cotidiana. A frequência do ritmo muda muito ao longo de um determinado dia, com ciclos longos, curtos e sobrepostos.

Além do ciclo básico, relacionado com o processo básico da psique, existe o ciclo de reversão, quando a psique está reorganizando seu processo básico, para funcionar com novo conteúdo. Enfatizo que o ciclo de reversão é apenas uma das formas de reorganização, a que decidi enfocar neste capítulo.

Usando o modelo do ciclo, posso mostrar os modos psicológicos envolvidos em todas as três polaridades básicas:

- nos ciclos do ego e da pessoa, a polaridade entre individuação e participação;
- nos ciclos básicos e reversos, a polaridade entre processo básico e reorganização; e
- nos ciclos de vida e de aprendizagem, a polaridade entre vida e mente.

Não cubro todas as combinações possíveis entre elas, apenas algumas das que me são mais familiares.

O CICLO DE VIDA BÁSICO DO EGO

Este ciclo básico envolve os seguintes modos individuantes:

- emoção;
- imaginário;
- discriminação; e
- ação (com o participativo envolvido apenas em um nível subliminar).

Esses modos se baseiam no padrão emocional geral que a pessoa adquiriu no desenvolvimento do ego e no começo de algum componente ativo e imediato dele. Esse padrão egoico é uma maneira sistemática de se satisfazer ou se frustrar na vida.

A necessidade emocional sentida agora é um indicador de como o padrão busca influenciar o comportamento para manter-se, e a influência é exercida primeiramente por meio de uma imagem ou um preceito selecionado. Uma vez que essa imagem é lançada, o ciclo está em andamento: a discriminação e a ação são simples meios para chegar ao objetivo imaginado.

definição ▼

O ego é definido como um caso de identidade equivocada: a pessoa inadvertidamente se identifica – à custa da pessoa como um todo – com uma busca compulsiva por individuação, de modo que se torna distorcida na direção da separação, alienação e rigidez do *self*. O ciclo de vida, aqui, não é apenas conservador; ele o é de um modo defensivo, ele afasta os modos participativos por meio da clivagem sujeito-objeto e repele a dor do sofrimento primal e das tensões profundas da condição humana.

A Figura 4.1 representa o ciclo de vida do ego no mundo da existência. O imaginário, nesse contexto, significa basicamente percepção e memória. Esse é o ciclo ao redor do qual o erro segue continuamente em sua experiência cotidiana, de hora para hora.

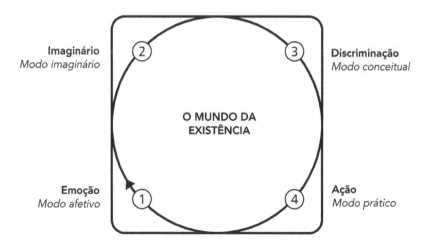

FIGURA 4.1 ▶ O ciclo de vida básico do ego.

O ponto basal do ciclo – e seu ponto de partida – é o estado emocional atual do indivíduo, que é a realização ou a frustração sentida no que se refere a suas necessidades no mundo imediato da existência. Isso influencia a percepção da situação atual, dentro da qual o ego discrimina e faz distinções relevantes a serviço de ações que satisfaçam suas necessidades. Essas ações modificam seu estado emocional, levando à geração de um novo ciclo.

Os quatro estágios do ciclo de vida básico do ego podem ser ilustrados de forma bastante simples. Assim, um indivíduo:

1. sente fome;
2. vai à cozinha para ver o que há para comer;
3. discrimina seletivamente os itens para formular um menu;
4. cozinha uma refeição e come.

Depois disso, a mesma pessoa:

1. sente necessidade de relaxar;
2. procura programas de televisão no jornal;
3. discrimina seletivamente os programas para criar um plano do que irá assistir;
4. liga o televisor e assiste aos programas.

E assim por diante.

importante >>

Em termos de polaridades básicas, alguém no ciclo de vida básico do ego está apenas se individuando; identifica-se com um processo básico restrito e está apenas vivendo – com a aprendizagem reduzida praticamente a nada.

O CICLO BÁSICO DE APRENDIZAGEM DO EGO

Quando seu estado emocional inconstante está relativamente livre de aflições passadas, o ego *pode* decidir aprender, por tentativa e erro e por influência social, quais

CICLOS DE VIDA E CICLOS DE APRENDIZAGEM 105

percepções, discriminações e ações levam à sensação de realização ou frustração de seus interesses. O ciclo de vida, então, torna-se um simples ciclo de aprendizagem utilizando *feedback*:

- os resultados emocionais **negativos** de um ciclo são usados para modificar ou mudar a percepção, a discriminação ou a ação no próximo; e

- os resultados positivos reforçam aquelas partes do ciclo que levam a eles.

Comentários de outras pessoas podem auxiliar nesse processo.

para refletir !!!
O indivíduo aprende, por meio da experiência diária, a obter o que quer da vida.

Na aprendizagem do ego, mostrada na Figura 4.2, o mundo é definido por atos que satisfaçam as necessidades e os desejos do indivíduo; é o domínio da existência cotidiana, seus desejos individuais e socializados. A aprendizagem é principalmente prática, ou seja, aprende-se a agir para alcançar satisfações. Não existe muita aprendizagem sobre o mundo em si, pois ele é reduzido, pelo ativismo, aos parâmetros que satisfazem os desejos do indivíduo.

Para que o ciclo de vida básico se torne esse ciclo simples de aprendizagem cotidiana, são necessárias duas qualidades além da liberdade relativa de aflições passadas:

- primeiramente, é necessária uma medida de atenção plena ao longo do ciclo, ou seja, é preciso estar ciente do que está acontecendo em cada estágio e de como cada estágio influencia o próximo;

- em segundo lugar, é necessária suficiente concentração da atenção na próxima volta ao redor do ciclo, para tentar maneiras alternativas de lidar com cada um dos estágios.

Esses são os sinais gêmeos de que a mente está funcionando: um pouco de consciência inclusiva e um pouco de consciência concentrada, ambas informadas pela intenção de compreender o que está acontecendo. Na Figura 4.2, a atenção plena, a margem extra da consciência, é mostrada como um ciclo externo ao redor dos modos, e a concentração é mostrada como uma cruz no meio do mundo da existência.

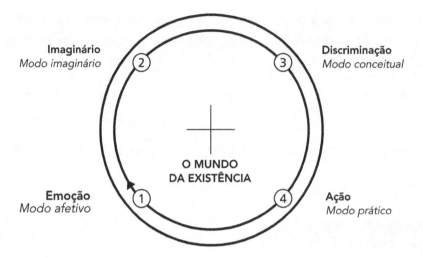

FIGURA 4.2 ▶ O ciclo básico de aprendizagem do ego.

importante ≫

Em termos de polaridades básicas, uma pessoa envolvida com o ciclo básico de aprendizagem do ego está apenas se individuando, mas com um envolvimento um pouco menos tácito da intuição e da reflexão; identifica-se com um processo básico restrito e está aprendendo e vivendo, embora a aprendizagem seja subordinada a um tipo de vida restrito.

EGOS PERTURBADOS

O estado inconstante do ego é acossado de tempos em tempos por aflições reprimidas do passado do indivíduo. Isso acontece quando a situação atual lembra fatos traumáticos da vida passada que se fixaram na psique, com base em necessidades insatisfeitas e na dor consequente.

O ego enxerga a situação inadvertidamente segundo esses fatos; ele reproduz, em sua vida atual, um equivalente simbólico do passado traumático, e seu comportamento é compulsivamente distorcido pelas antigas carências e mágoas sufocadas. É como se ele estivesse tentando criar uma justificativa atual para sentir-se acossado pela aflição sufocada e sentir-se preso a uma estratégia para sobreviver identificando-se com a frustração e a mágoa. Além disso, é como se ele estivesse tentando reproduzir o problema até que, enfim, consiga atrair a atenção de alguém que possa intervir, interromper essa repetição e romper o antigo feitiço.

Nesse caso, o ciclo básico será como uma esteira rolante, com a necessidade frustrada, a percepção, a discriminação e a ação inadvertidamente presas à reprodução do circuito fechado e distorcido do passado. A Figura 4.3 representa essa desagradável situação.

PAPÉIS COMPULSIVOS DO EGO PERTURBADO

Os papéis clássicos do ego perturbado, tanto em relação a si mesmo quanto em relação a outras pessoas, são os seguintes:

- ▶ vítima compulsiva;
- ▶ salvador compulsivo;
- ▶ rebelde compulsivo; e
- ▶ opressor compulsivo.

Esses papéis correspondem aos quatro estágios do ciclo do ego perturbado, como se cada estágio também pudesse se transformar em uma subpersonalidade perturbada em si mesma. O papel de vítima representa a perturbação reprimida e as necessidades congeladas. O papel de salvador personifica a projeção de necessidades conge-

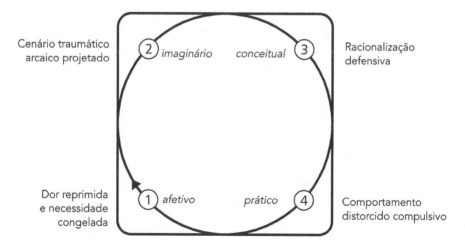

FIGURA 4.3 ▶ O ciclo de vida do ego perturbado.

ladas sobre a situação atual, na esperança de que possam ser satisfeitas. O papel de rebelde caracteriza a racionalização defensiva que se recusa a reconhecer a verdade do que está acontecendo realmente. O papel de opressor retrata a compulsão de agir de maneiras desadaptativas e distorcidas.

No ciclo de vida do ego perturbado, o indivíduo fica enclausurado dentro do próprio ego, e não em interação com outras pessoas. Assim, ele:

1. se sente inferior, arruinado e mal em relação a si mesmo em certos sentidos;

2. tenta fazer algo a respeito, de um modo inadequado;

3. desiste desse esforço, com uma recusa racionalizada de reconhecer que há um problema; e, a seguir,

4. se pune com acusações de impotência e incompetência.

O indivíduo, então, se sente arruinado e inferior, e o ciclo recomeça novamente.

A questão na esteira de quatro rolamentos é que cada papel propele o próximo. A vítima move o salvador, que agita o rebelde, que alerta o opressor, que controla a vítima (Figura 4.4).

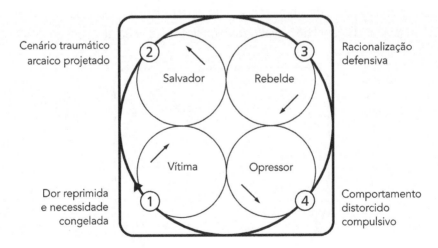

FIGURA 4.4 ▶ Papéis compulsivos do ego perturbado.

para refletir !!!

Se duas pessoas estão envolvidas em uma interação, elas compartilham uma esteira de duas pessoas: quando uma é vítima, a outra é salvadora; quando uma é salvadora, a outra é rebelde; quando uma é rebelde, a outra é opressora; e quando uma é opressora, a outra é vítima.

Suponha que você esteja em uma esteira de duas pessoas. Se você se sentir compulsivamente inferior e o parceiro tentar ajudá-lo de maneira inadequada, ele o acusará, você afundará novamente de um modo irracional, e assim por diante. Existem muitas variações disso. Você pode se sentir inferior e *pedir* uma ajuda inadequada; quando receber, você a rejeitará, seu parceiro o atacará por isso, você afundará novamente, e assim por diante. Você pode, ainda, se sentir motivado a ajudar o parceiro de um modo inadequado; o parceiro se rebelará, você o acusará de ingratidão, ele afundará em culpa compulsiva, e assim por diante.

Assim, uma pessoa oscila entre vítima e rebelde, enquanto a outra se encontra em uma oscilação complementar entre opressora e salvadora. Em um determinado ponto, elas podem trocar suas posições; a que era vítima e rebelde se torna opressora e salvadora, e vice-versa.

Independentemente da variação, as duas pessoas estão basicamente permutando culpa e censura, passando-as uma para a outra, pois elas lhes foram impostas em anos passados, ferindo sua capacidade de amar e congelando-a na dor emocional. A partir daí, a dor reprimida da ferida é deslocada para os comportamentos adultos de culpa e censura.

importante >>

Os correlatos psicológicos da culpa e da censura são o conluio e a negação. Duas pessoas presas à troca de culpa e censura formam um conluio ao representarem cenários arcaicos, ao mesmo tempo que negam para si mesmas e para a outra o que está acontecendo.

A culpa profundamente irracional faz a pessoa se identificar e concordar com um relacionamento patológico. Quanto mais conluio, mais a pessoa precisa negar a patologia defensivamente, levando a um acúmulo de material reprimido que transborda para comportamentos de censura e colocando o parceiro em seu próprio circuito rápido de culpa, conluio, negação e contracensura. A Figura 4.5 mostra essa versão do ciclo.

O CICLO REVERSO DE APRENDIZAGEM DO EGO

Aqui, a pessoa está interrompendo o ciclo de vida básico do ego e usando o ciclo reverso. Assim, o processo básico do ego é reorganizado com a finalidade de aprender a viver de maneira mais efetiva.

Não creio que todos os ciclos reversos sejam necessariamente ciclos de aprendizagem. Por exemplo, acredito que seja possível analisar o processo de repressão em termos de um ciclo reverso subliminar, e isso tem a ver com a sobrevivência psicológica; está ligado à vida negativa, e não à aprendizagem. Todavia, estou escolhendo, aqui, um ciclo reverso que envolve aprender, e não apenas viver.

Este ciclo reverso de aprendizagem interrompe o primeiro braço do ciclo básico (que passa rapidamente da emoção para o imaginário) e avança, de maneira oposta, da emoção para a discriminação. Desse modo, assim que surge o componente ativo atual do padrão emocional egoico, o indivíduo discrimina sua natureza, sua propensão para gerar certo tipo de imagem e a substitui por um tipo diferente, que leva diretamente a um tipo diferente de ação e resultado.

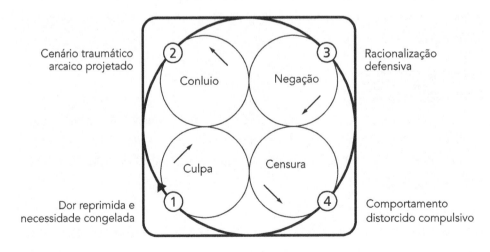

FIGURA 4.5 ▶ A culpa e a censura do ego perturbado.

CICLOS DE VIDA E CICLOS DE APRENDIZAGEM 111

> **importante** »
>
> O ciclo reverso vai da emoção para a discriminação, o imaginário e a ação, em vez de rota básica de emoção, imaginário, discriminação e ação. Isso vai contra a corrente do ciclo de vida básico; é "antinatural", revisionista, uma inversão do esquema de coisas conservador e estabelecido. Isso interrompe a ordem normal e a coerência da psique, exigindo discriminação interior alerta e motivação para ocorrer.

O ciclo reverso é usado até haver uma mudança no padrão emocional subjacente e em seu imaginário associado, de modo que o ciclo básico é restabelecido em um nível diferente e em termos diferentes. O indivíduo está aprendendo a viver de um modo que liberte o comportamento de hábitos indesejados ou dos efeitos deletérios de um passado aflitivo. Esse é um tipo mais sofisticado de aprendizagem cotidiana, comparado com o ciclo básico de aprendizagem do ego, que simplesmente envolve aprender a agir para alcançar satisfações do ego. Todavia, ambos os ciclos estão preocupados principalmente com a aprendizagem prática.

A Figura 4.6 ilustra o ciclo reverso com setas e o antigo ciclo básico interrompido como um círculo. Para dar um exemplo:

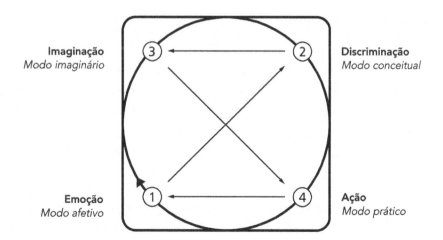

FIGURA 4.6 ▶ O ciclo reverso de aprendizagem do ego.

1. a ansiedade com um compromisso iminente está para gerar a imagem de um encontro opressivo, porém, essa propensão pictórica não decola, pois

2. o indivíduo consciente a enxerga,

3. substitui a imagem de um encontro difícil,

4. passa à ação e

5. coleta suas recompensas emocionais.

Desse modo, existe a possibilidade de estabelecer um novo tipo de ciclo básico com um padrão subjacente diferente, no qual a emoção da excitação gera uma imagem de um encontro difícil.

O que este tipo de ciclo reverso de aprendizagem propõe é que a inovação no comportamento individuado envolve uma substituição discriminatória do imaginário. A palavra talvez não deva ser "substituição"; o que está envolvido é a inserção de uma imagem para prevenir uma propensão pictórica. Embora não seja simbolizado na figura, o uso do ciclo pressupõe atenção plena e concentração informada pela intenção de aprender.

importante >>

Em termos de polaridades básicas, alguém que usa este ciclo reverso de aprendizagem está principalmente em processo de individuação, mas com um envolvimento mais notável da intuição e da reflexão; está reorganizando um processo básico restrito e está aprendendo por meio da vida, com a aprendizagem, aqui, ampliando a vida. Portanto, isso é trabalhar para abrir o ego.

Um uso clássico deste ciclo reverso na vida cotidiana envolve interromper velhas mágoas remobilizadas, a fim de não dar início ao ciclo perturbado do ego e não promover comportamentos compulsivos, pois a dor reprimida pode ser ativada por aspectos da situação atual que sejam, de maneira inconsciente, considerados equivalentes simbólicos de fatos problemáticos do passado. Uma vez mobilizada, a perturbação força a barreira repressiva, gerando imagens de deslocamento.

Assim, o **primeiro estágio** do ciclo reverso é essa perturbação remobilizada. O segundo estágio representa sua discriminação, que pode ter várias características: pode ser simples observação e identificação ou transformar-se em reestruturação cognitiva, interpretando a situação sob uma luz positiva que substitui o antigo modelo negativo projetado.

O **terceiro estágio** é a inserção de uma imagem, um quadro de comportamento alternativo à tendência de atuação, que está facilmente sujeita a fatores desencadeantes. A atenção, agora, está desconectada da emoção agitada e voltada para uma visão de um tipo diferente de futuro imediato. Isso leva à ação no **quarto estágio**.

A ação revisada pode desativar totalmente a perturbação remobilizada, substituindo-a, no primeiro estágio do próximo ciclo, por um estado emocional diferente, em cujo caso um tipo novo e completo de ciclo básico é lançado, em vez do antigo ciclo perturbado. Se a carga de perturbação estiver reduzida, mas ainda ativa, o ciclo reverso continuará até que um novo ciclo reformulado assuma completamente.

A Figura 4.7 mostra o ciclo reverso em andamento, interrompendo um ciclo básico perturbado.

importante »

O ciclo reverso pode ser usado, evidentemente, para interromper e mudar qualquer tipo de ciclo básico, qualquer hábito do ciclo de vida que necessite de mudança, e não apenas um ciclo movido por uma perturbação.

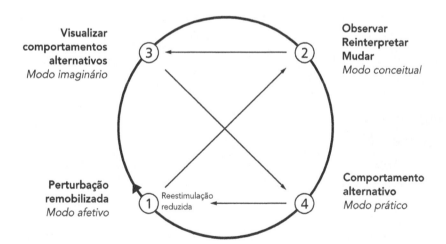

FIGURA 4.7 ▶ Ciclo reverso de aprendizagem do ego aplicado à perturbação remobilizada.

O ciclo revisionista deve ser usado no centro da vida egoica cotidiana. Para dar um exemplo:

1. George tem um impulso irracional de culpar sua parceira,

2. ele nota isso imediatamente e, em vez de enxergá-la como a mãe má do passado,

3. enxerga sua parceira como a amada atual, agindo de acordo com essa visão.

O quanto esse ciclo é efetivo em relação à perturbação remobilizada depende de vários fatores:

> a intensidade da reestimulação;

> a quantidade de prática que a pessoa tem em usar o ciclo dessa forma; e

> o fato de a pessoa ter ou não acesso a coaconselhamento ou outras formas de terapia para curar antigas memórias traumáticas, liberando sua carga de perturbação.

Não creio que o ciclo possa ser realmente efetivo sem algum tipo de amparo como o descrito no último item. Com tal amparo, ele pode ser aplicado para desmantelar muitas das confusões mais brutas do comportamento egoico.

Tudo depende do grau de atenção interior no ponto de discriminação, que é uma combinação entre atenção plena e concentração; a pessoa deve estar ciente do próprio processo e pronta para concentrar o pensamento. Ela deve estar imediatamente preparada para conceituar a tempestade irracional que se acumula no patamar emocional *como* perturbação remobilizada.

importante >>

Quanto mais a preocupação puder ser interpretada em termos da psicodinâmica histórica, menor será a tendência de afetar o presente.

A Figura 4.8 mostra os quatro estágios de mudança ao usar o ciclo reverso. O círculo interno é o ciclo básico antigo, transformado no novo ciclo básico do círculo externo pelas setas do ciclo reverso.

O CICLO DE VIDA BÁSICO DA PESSOA

O ciclo de vida mais limitado e preocupado do ego, mostrado na Figura 4.1, segue os modos individuantes da emoção, do imaginário, da discriminação e da ação. Ele diz respeito às necessidades e aos interesses do mundo da existência. Os modos participativos permanecem latentes, atuando de maneira tácita, com o ego alimentando sua presença subliminar para suas próprias finalidades e ignorando alguns de seus impulsos.

A pessoa, em contrapartida, está funcionando ciente desses modos mais amplos, incluindo os modos individuantes dentro deles. O ciclo de vida básico da pessoa, o processo básico, considera, além da emoção, do imaginário, da discriminação e da ação, os seguintes modos participativos:

- sentimento;

- intuição;

- reflexão; e

- intenção.

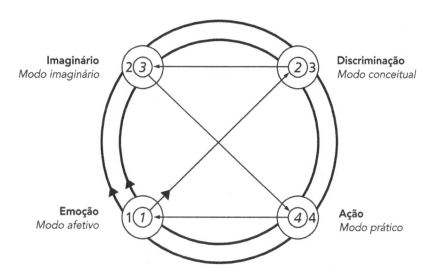

FIGURA 4.8 ▶ Os quatro estágios de mudança usando o ciclo reverso de aprendizagem.

A Figura 4.9 mostra isso como quatro grandes rolamentos maiores – os modos participativos –, que se tocam e giram uns aos outros; dentro de cada um deles, há um rolamento menor – o modo individuante correspondente – influenciado pelo movimento do rolamento maior que o contém.

para refletir !!!

Cada modo gera a visão de mundo relevante da qual é o principal genitor.

O ciclo de vida básico da pessoa começa com a pessoa sentindo-se em ressonância empática com sua situação geral. A partir dessa participação sentida, ela exerce uma consciência intuitiva do padrão completo do que aparece, enxergando isso talvez em termos de uma metáfora, uma história ou um mito que abre a vida com possibilidades expansivas. Isso, por sua vez, dá vazão à reflexão, abordando as questões práticas envolvidas na relação com a situação, o que leva a uma intenção de agir de um modo que leve em conta as possibilidades e os aspectos práticos. Com essa ação, a situação muda, e começa um novo ciclo.

A cada estágio, os modos individuantes são agrupados e modificados.

▶ A participação sentida no **primeiro estágio** influencia e pode alterar a necessidade primária da pessoa, o grau de satisfação dessa necessidade e, assim, seu estado emocional atual.

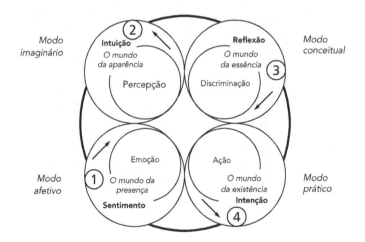

FIGURA 4.9 ▶ O ciclo de vida básico da pessoa.

▶ No **segundo estágio**, a compreensão intuitiva do padrão geral da situação afeta o imaginário do que é percebido, lembrado e antecipado.

▶ No **terceiro estágio**, a discriminação está a serviço de uma compreensão reflexiva de questões práticas relevantes.

▶ No **quarto estágio**, a ação é a expressão de intenções e propósitos mais amplos; o que poderia, de outra forma, ser o lugar mais limitado do ego em todos os quatro estágios é transformado dentro de um ambiente mais amplo.

Como um exemplo desse ciclo, vamos observar a relação de uma profissional médica holística com um cliente:

1. a profissional sintoniza-se empaticamente com o ser total do cliente, realinhando suas próprias necessidades emocionais e interesses;

2. a seguir, ela questiona, conversa e examina o cliente, compreende intuitivamente o imaginário total de sinais corporais e verbais e a história revelada por ele e explora tudo isso imaginativamente, com analogias e metáforas;

3. no íntimo de sua mente, ela reflete sobre todos esses dados imaginários enquanto faz discriminações entre eles e formula uma variedade de diagnósticos possíveis;

4. finalmente, ela seleciona um deles como o principal, faz um diagnóstico e propõe um plano de terapia prática.

Como é uma profissional holística trabalhando com o ciclo participativo da pessoa, ela desejará incluir o cliente – sempre que for apropriado e possível – em um **mutualismo sintonizado** no primeiro estágio, em uma **discussão compartilhada** no segundo e no terceiro estágio e em **resolução de problemas** e **planejamento cooperativo** no quarto estágio (HERON, 1978).

Conforme as três polaridades básicas da psique, a pessoa, aqui, está:

▶ sendo participativa, incluindo os modos individuantes;

▶ envolvida em um processo básico expandido; e, principalmente,

▶ vivendo, sendo que a aprendizagem é mínima.

Desse modo, temos uma pessoa que é conscientemente participativa por meio do sentimento, da intuição e da reflexão, tem um ego aberto e está vivendo por meio das aberturas, mas não está aprendendo em um grau significativo.

O CICLO BÁSICO DE APRENDIZAGEM DA PESSOA

Como o ego, o ciclo de vida da pessoa pode se tornar um ciclo de aprendizagem se, mais uma vez, a pessoa estiver plenamente atenta e se concentrar com a intenção de compreender o que está acontecendo. A atenção plena e a concentração são simbolizadas pelo ciclo mais externo e a cruz central na Figura 4.10. Na figura, uso os estágios seguidos pela profissional médica holística apresentados na seção anterior. Desse modo, a profissional, nessa figura, pode estar aprendendo a:

- demonstrar empatia de forma mais completa;

- intuir um padrão mais amplo de sinais;

- refletir rapidamente sobre hipóteses alternativas; ou

- administrar a terapia.

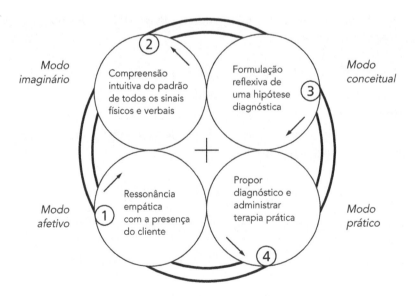

FIGURA 4.10 ▶ O ciclo básico de aprendizagem da pessoa.

> **importante** »
>
> A aprendizagem ocorre por um circuito de retroalimentação fechado: o que é observado em um ciclo é usado para confirmar ou alterar o que se faz no próximo, e o que é observado pode ser o que ocorre dentro de um estágio ou o efeito de um estágio sobre outro.

Embora o ego esteja aprendendo com a experiência cotidiana a tornar-se mais efetivo para satisfazer suas necessidades individuais, a pessoa está aprendendo a tornar-se mais efetiva para participar ativamente de campos mais amplos e mais inclusivos. Em termos das três polaridades básicas, a pessoa, aqui, está:

- sendo participativa, incluindo os modos individuantes;
- envolvida em um processo básico expandido; e
- aprendendo com a vida, enquanto a aprendizagem aprofunda a vida.

A pessoa tem um ego aberto e está vivendo e aprendendo por meio das aberturas.

O CICLO REVERSO COOPERATIVO DE APRENDIZAGEM DA PESSOA

O ciclo básico de aprendizagem da pessoa, abordado há pouco, pode se beneficiar por ser incluído em um círculo mais amplo de aprendizagem cooperativa, no qual as pessoas se encontram para compartilhar suas experiências e refletir, juntas, sobre seu significado e suas implicações práticas. Esse é um ciclo superior, que compreende, em um de seus estágios, todo o ciclo do nível inferior.

> **importante** »
>
> O uso efetivo do ciclo de reverso cooperativo de aprendizagem da pessoa também pressupõe atenção plena e concentração.

O modelo que proponho para isso é um ciclo de aprendizagem reverso e cooperativo. É um ciclo reverso para interromper o processo social básico que é estabelecido quando as pessoas se encontram de maneira informal. Suponhamos que envolva um grupo de desenvolvimento profissional com profissionais médicos holísticos, conforme mostrado na Figura 4.11.

O **primeiro estágio** é o estágio de abertura, o afetivo. No modo emocional, é um momento de celebração e encontro positivo, para lidar com quaisquer tensões não resolvidas entre os membros do grupo e com alguma ansiedade provocada por determinado aspecto do processo iminente. No modo do sentimento, é um momento de comunhão grupal, uma meditação à qual os membros do grupo se lançam em sua copresença mútua. Isso alimenta toda a iniciativa.

No **segundo estágio**, os membros do grupo compartilham dados de histórias de casos e refletem sobre isso juntos, discriminando as questões principais. A finalidade é chegar a um entendimento mais profundo do processo terapêutico, com implicações para a prática revisada.

No **terceiro estágio**, os profissionais reformulam a imagem de sua prática terapêutica à luz das deliberações feitas. Esse é um exercício consciente de imaginação ativa, na qual os profissionais se enxergam – cada um em seus próprios termos e de seu próprio modo – em suas atividades futuras de maneira que levem em conta aquilo

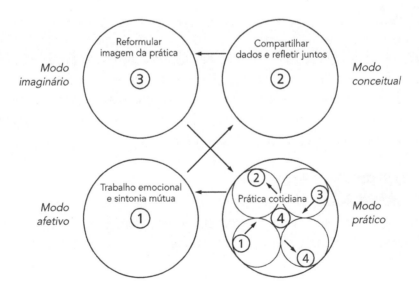

FIGURA 4.11 ▶ O ciclo reverso cooperativo de aprendizagem da pessoa.

que desejem incorporar a sua prática a partir do compartilhamento feito no segundo estágio.

O grupo, então, se desfaz, e cada pessoa coloca sua imagem em ação no quarto estágio, que é a prática profissional cotidiana e consiste no ciclo básico de aprendizagem da pessoa, conforme descrito na seção anterior, realizado com muitos clientes. Depois de um período apropriado de prática cotidiana, os membros se reúnem novamente para começar um segundo ciclo cooperativo.

Assim, esse é um ciclo de aprendizagem reverso e cooperativo, de nível superior, que compreende dentro de si um ciclo básico de aprendizagem individual no quarto estágio. Com relação às três polaridades básicas, as pessoas envolvidas:

- ▶ são participativas em seu modo de se relacionar, incluindo os modos individuantes;

- ▶ estão reorganizando os processos sociais básicos; e

- ▶ estão aprendendo, de maneira cooperativa, a aprofundar sua vivência individual.

Essas pessoas têm egos abertos e estão vivendo e aprendendo por meio das aberturas.

importante >>
O ciclo cooperativo pode ser usado por qualquer grupo de pessoas, de duas a duas dúzias, que desejem aumentar, ajudando umas às outras, sua aprendizagem por meio de vivências.

AUTONOMIA E HOLISMO

No uso comum, a palavra aprendizagem se refere à aquisição de conhecimento ou habilidades a partir da experiência, do estudo ou do ensino. Ela envolve interesse e comprometimento; somente aprendemos aquilo em que estamos interessados e buscamos com certo grau de seriedade. Ela também pressupõe entendimento e retenção; aprendemos algo se tivermos entendido ou entendermos como fazer (no caso de uma habilidade) e conseguirmos reter esse entendimento por um período significativo de tempo.

importante >>

A aprendizagem é, necessariamente, autodirigida; ninguém pode aprender por você. O interesse, o comprometimento, o entendimento e a retenção são todos autônomos, autogerados e autossustentáveis.

A aprendizagem também envolve a pessoa inteira, seja por inclusão ou por *default*. Cada um de nós está explicitamente envolvido no processo de aprendizagem, ou apenas uma parte de nós está explicitamente envolvida e o que é excluído pode ter uma influência negativa, sabotando o conteúdo ou o processo.

Estes são os dois polos do processo de aprendizagem: **autonomia** e **holismo**. Na vida-como-aprendizagem, eles são necessariamente interdependentes, no mínimo, no nível em que a vida envolve todos os quatro modos psicológicos. Em instituições educacionais e disciplinas formais, eles podem ser desenvolvidos em relativo isolamento um do outro.

Por exemplo, uma disciplina pode envolver bastante autonomia, com autodirecionamento do estudante na criação, na execução e na avaliação de projetos da disciplina, mas ter um foco intelectual restrito e nada holístico. Em contrapartida, pode haver um programa que envolva todos os aspectos da psique dos estudantes, mas que seja totalmente decidido e controlado pelos profissionais, enquanto os estudantes são autodirigidos apenas no âmbito de exercícios definidos.

Existe, portanto, uma interessante tensão criativa entre a autonomia na aprendizagem e o holismo na aprendizagem. Os especialistas em educação estão apenas começando a abordar essa tensão, e acredito que esse seja um dos principais desafios para as próximas décadas.

- Existem quatro níveis de autonomia estudantil:

- o **primeiro e mínimo nível** é o estudante ser autodirigido somente dentro das atividades de aprendizagem prescritas: o professor toma todas as decisões sobre o programa de aprendizagem e sua avaliação;

▶ o **segundo e mais significativo nível** é o estudante participar com o professor de um planejamento e uma avaliação, ambos programáticos e negociados;

▶ o **terceiro nível** envolve uma pequena ou grande quantidade de autodirecionamento estudantil exclusivamente no planejamento e na avaliação do programa; e

▶ o **quarto e mais sofisticado nível** refere-se ao envolvimento estudantil em decisões com os profissionais, para decidir se os estudantes ou os profissionais – ou ambos – devem se envolver na tomada de decisões sobre este ou aquele aspecto do planejamento e da avaliação do programa.

Da mesma forma, existem quatro níveis de holismo estudantil:

▶ o **primeiro nível** envolve apenas os quatro modos individuantes da emoção, do imaginário, da discriminação e da ação – é o holismo limitado ao nível egoico;

▶ o **segundo nível** combina os modos individuantes e participativos em atividades criativas na sala de aula, onde o foco é o conteúdo de certos temas curriculares;

▶ o **terceiro nível** envolve os modos individuantes e participativos em questões mais centradas na pessoa: desenvolvimento pessoal, habilidades interpessoais, trabalho profissional, trabalho em grupo e em equipe, estruturas organizacionais e compromissos sociais, ecológicos e planetários mais amplos; e

▶ o **quarto nível** inclui o segundo e terceiro níveis, integrados ao desenvolvimento em dimensões psíquicas e espirituais.

TIPOS DE APRENDIZAGEM

Com relação à teoria discutida no livro *Feeling and Personhood,* de J. Heron, existem quatro tipos de aprendizagem:

> ▶ **experiencial** – envolve adquirir conhecimento sobre o ser e os seres por meio da ressonância empática, da participação sentida;
>
> ▶ **apresentacional** – envolve adquirir conhecimento sobre os padrões da experiência pelo exercício da intuição, da imaginação e da percepção;
>
> ▶ **proposicional** – envolve adquirir conhecimento colocado na forma de proposições, pelo exercício do intelecto; e
>
> ▶ **prática** – envolve adquirir conhecimento sobre como fazer algo por meio da prática da habilidade específica em questão.

Se Howard Gardner (1983), hoje, acredita em oito tipos de inteligência, podemos estabelecer algumas correspondências **bastante** claras com eles, conforme a seguir:

> ▶ **experiencial** – inteligências intrapessoal, interpessoal e intuitiva/espiritual;
>
> ▶ **apresentacional** – inteligências visual/espacial e musical/auditiva;
>
> ▶ **proposicional** – inteligências linguística e matemática/lógica; e
>
> ▶ **prática** – inteligência cinestésica.

Não obstante, deixando de lado o esquema de Gardner, prefiro pensar que cada um dos oito modos representa um tipo básico de inteligência:

> ▶ **experiencial** – inteligências empática e emocional;
>
> ▶ **apresentacional** – inteligências intuitiva e visual;
>
> ▶ **proposicional** – inteligências reflexiva e discriminatória; e
>
> ▶ **prática** – inteligências intencional e ativa.

Esse é apenas mais um meio de apontar para a mesma questão básica: a inteligência, a aprendizagem, o saber – cada um tem vários tipos diferentes, são Um-Muitos, e devem ser exercidos desse modo.

para saber +

ILLERIS, K. et al. **Teorias contemporâneas da aprendizagem**. Porto Alegre: Penso, 2012. 280p.

REFERÊNCIAS

GARDNER, H. *Frames of Mind*: The Theory of Multiple Intelligences. New York: Basic Books, 1983.

HERON, J. *Feeling and personhood*: psychology in another key. London: Sage, 1992.

HERON, J. *Humanistic medicine*. London: British Postgraduate Medical Federation, 1978.

HERON, J. *The Complete Facilitator's Handbook*. London: Kogan Page, 1999.

REASON, P.; HERON, J. *Co-counselling*: an experiential inquiry (2). Guildford: University of Surrey, 1982.

>5

A inteligência como um espectro de competências

KATIA SMOLE

habilidades e competências

>> Debater as teorias que levaram ao conceito atual de inteligências múltiplas.

>> Definir o conceito de inteligências múltiplas criado por Gardner e seus espectros de competência.

neste capítulo você estudará:

>> As diversas teorias relacionadas à inteligência até o conceito atual criado por Gardner.

>> Os espectros de competências e a complementação do espectro pictórico ao musical.

A VISÃO PSICOMÉTRICA DA INTELIGÊNCIA

Existem diferentes concepções e tentativas de definir e caracterizar a inteligência. No entanto, a concepção hegemônica ainda está atrelada a um ponto de vista psicométrico ou ao enfoque de testes de inteligência que, como o nome indica, foram elaborados e construídos em torno do intento de medir o rendimento intelectual da maneira mais exata e confiável possível.

Pensar numa forma de classificar as pessoas a partir de suas capacidades intelectuais é uma ideia antiga. Segundo Gould (1991), a tese de que o valor dos indivíduos e dos grupos sociais pode ser determinado por meio da medida da inteligência como quantidade isolada apoia-se em dados provindos inicialmente da craniometria – ou medida do crânio –, cujas bases remontam ao século XII.

Para Gould, no entanto, na segunda metade do século XIX, com a maior aceitação da teoria de Darwin sobre a evolução das espécies e com o fascínio das ciências humanas pela quantificação como marca de transição entre a especulação e "uma verdadeira ciência", ganhou força o desenvolvimento de técnicas estatísticas para classificar seres humanos em termos de seus poderes físicos e intelectuais. Nesse contexto, nascem os trabalhos de Francis Galton, na Inglaterra, e Paul Broca, na França.

Ao falar sobre Galton, Gould afirma que ele possuía verdadeiro fascínio por fazer quantificações e acreditava que quase tudo o que se podia medir na inteligência estava associado a um caráter hereditário. Contudo, foi Paul Broca que colocou a craniometria e os processos de medição em seu apogeu. Broca era médico e deu a seus trabalhos um enfoque médico e estatístico, sendo defensor fervoroso das ideias de que:

- ▶ o tamanho do cérebro indicava o grau de inteligência; e

- ▶ o cérebro dos indivíduos brancos do sexo masculino pertencentes às classes dominantes era maior do que o das mulheres, dos pobres e das "raças inferiores".

As ideias craniométricas sofreram diversas críticas ao longo do tempo, e, por motivos diversos, segundo Gould, os argumentos de Broca e seus seguidores perderam força no século XX, quando os deterministas desviaram a atenção que dedicavam a essas ideias para os testes de inteligência.

para refletir !!!

Gould declara que o desvio da atenção para os testes de inteligência ocorreu porque tais testes se constituíam numa via mais "direta" do que a craniometria para a mesma meta injustificada de ordenar hierarquicamente os grupos humanos de acordo com sua capacidade mental. Os cientistas expuseram a insensatez preconceituosa que dominava a maior parte da literatura sobre a forma e o tamanho da cabeça.

A elaboração do primeiro teste padronizado de aptidão mental se originou a partir dos trabalhos de Alfred Binet e Theodore Simon, em Paris. Em 1905, como resposta a um pedido do Ministério Francês de Educação Pública, esses dois autores elaboraram um instrumento que intentava não apenas selecionar aqueles alunos que pareciam incapazes de aproveitar-se do ensino nas escolas normais e que, portanto, pareciam carecer de uma educação especial, mas também classificar crianças adequadamente em sua série escolar.

Os elementos desse instrumento abandonavam o enfoque médico, trocando-o pelo psicológico, e referiam-se a diversos tipos de processos mentais considerados superiores, como, por exemplo, as capacidades que envolvem:

- linguagem;
- abstração;
- invenção; e
- crítica

Os itens eram dispostos em ordem de dificuldade crescente, visto que a probabilidade de resolvê-los aumentava com a idade cronológica (IC):[1] um item particular ou um conjunto de itens podia ser escalonado segundo a idade em que 75% das crianças o solucionavam. Assim, uma criança podia ter 8 anos de IC, mas, se resolvesse os itens característicos dos 10 anos, dizia-se que possuía uma idade mental (IM) de 10 anos.

---

1 IC: medida em anos após o nascimento.

importante »

A IM é uma maneira indireta de referir-se ao nível de dificuldade e constitui, assim, uma medida de atitude, e não uma medida de tempo ou de idade propriamente dita.

Em seus trabalhos de 1908, Binet decidiu introduzir um critério que, desde então, tem sido utilizado para a medição da inteligência: ele atribuiu a cada tarefa uma idade mínima em que uma criança de inteligência normal seria capaz de realizá-la com êxito. A criança submetida aos testes de Binet começava a realizar as tarefas que correspondiam ao primeiro nível de idade e ia, em seguida, realizando as tarefas posteriores, até que chegasse a propostas que não conseguisse realizar. A idade correspondente às últimas tarefas que a criança conseguia fazer tornava-se sua IM. O nível intelectual geral da criança era, então, medido pela diferença entre sua IM e sua IC.

Mais tarde, em 1912, o alemão W. Stern apresentou a ideia de uma razão entre a IM e a IC e, posteriormente, multiplicou essa razão por 100, dando lugar ao **quociente de inteligência ou QI**: $QI = (IM / IC) \times 100$. Gould diz que enlaçada à concepção dos testes de QI estaria a ideia de que o valor intelectual das pessoas é uma entidade mensurável, situada na cabeça. Segundo esse autor, a maioria das teorias hereditaristas dos testes mentais se baseia em duas teses mestras:

- a identificação da inteligência com uma "coisa" unitária; e

- a inferência de que a Inteligência tem um substrato físico.

Para Tomlinson (1991), a concepção do QI e, por conseguinte, dos testes de QI está relacionada à crença de que a inteligência é uma capacidade singular e inviolável, uma propriedade especial dos seres humanos. Para os que assim pensam, segundo Tomlinson, cada indivíduo nasceria com uma determinada quantidade de inteligência, o que permitiria a elaboração de testes para qualificar e classificar pessoas em termos de seu intelecto ou QI.

para refletir !!!

A ideia da quantidade de inteligência é tão forte na sociedade que ninguém hesita em falar sobre pessoas mais ou menos inteligentes, mais ou menos capazes ou que são de bom raciocínio, enquanto outras não.

A INTELIGÊNCIA COMO UM ESPECTRO DE COMPETÊNCIAS

Não demorou muito para que se manifestasse, na comunidade científica e na sociedade como um todo, o entusiasmo pela testagem da inteligência. Segundo a maioria dos pesquisadores da época, a possibilidade de testar a inteligência era a maior conquista da psicologia e uma importante descoberta científica. Contudo, foi nos Estados Unidos que a obsessão por examinar todos os indivíduos por meio dos testes de QI ganhou força.

Em seu livro *A falsa medida do homem*, Stephen Jay Gould mostra como as intenções iniciais de Binet foram desmanteladas na América. Segundo Gould, Binet, em seus trabalhos, insistiu em três princípios fundamentais para a utilização dos testes, quais sejam:

- as marcas obtidas nos testes não definem nada de inato ou permanente, e, por isso, não podemos dizer que medem a "inteligência";

- a escala não é um recurso para o estabelecimento de qualquer hierarquia entre crianças normais, mas um guia de identificação de crianças que necessitam de uma atenção especial;

- os baixos resultados que porventura uma criança venha a exibir deverão enfatizar a possibilidade de aprimoramento de suas capacidades por meio de uma ajuda especial e não podem jamais ser uma justificativa para o estabelecimento de qualquer hierarquia entre as crianças normais.

Binet era adversário do hereditarismo e considerava a inteligência por demais complexa para ser expressa por um número. De acordo com Gould, o propósito da escala de Binet era identificar a criança com problemas e ajudá-la a melhorar, e nunca atribuir-lhe um rótulo e impor-lhe limites, qualquer que fosse a causa do mau desempenho escolar.

Gould defende que, embora a concepção de Binet acerca da inteligência também fosse a de grandeza única, o uso incorreto de sua escala não é inerente à ideia de sua aplicação, mas surgiu de duas falácias piamente aceitas (ao que parece) por quem desejava se valer dos testes para manter as distinções e hierarquias sociais: a **reificação** e o **hereditarismo**. Mesmo Binet evitando essas falácias e atendo-se fielmente a seus princípios, os psicólogos americanos falsearam sua intenção e inventaram a teoria do QI hereditário. Achando que estavam medindo uma "entidade chamada inteligência", reificaram os resultados de Binet.

> **importante** »
>
> Gould afirma que os deturpadores de Binet acharam que a inteligência era, em grande parte, herdada e, assim, elaboraram uma série de argumentos enganosos em que confundiam diferenças culturais com propriedades inatas. Estavam persuadidos de que o resultado obtido nos testes de QI indicava a posição inevitável que cada pessoa deveria ocupar na vida.

Três foram os precursores da teoria da hereditariedade nos Estados Unidos:

- H. H. Goddard;
- L. M. Terman; e
- R. M. Yerkes.

H. H. Goddard foi, ao mesmo tempo, o primeiro divulgador e o primeiro deturpador do trabalho de Binet na América. De fato, Goddard traduziu os artigos do pesquisador francês, aplicou os testes e foi um decidido partidário de sua utilização geral, mas seu objetivo maior, de acordo com Gould, era o de identificar indivíduos deficientes para impor-lhes limites, segregá-los e reduzir sua procriação, evitando, assim, a posterior deterioração da estirpe americana.

Dessa forma, se Binet negou-se a usar seus testes para classificar pessoas e a definir os resultados que com eles obtinha como "inteligência", Goddard tentou estabelecer uma classificação unilinear que abarcasse todos os tipos do que ele considerava "retardamento mental". Assim, ele trouxe para os testes de QI a ideia da reificação da inteligência para que esta se convertesse em uma entidade independente e mensurável.

O segundo pesquisador americano que contribuiu para a deturpação das ponderações iniciais de Binet foi L. M. Terman, responsável maior pela popularidade que os testes vieram a ter na América. A ideia geral dos trabalhos de Terman era a formação de uma sociedade racional, e, para isso, acreditava ele, deveriam ser planejados testes a que todas as pessoas fossem submetidas. Com essa ideia, Terman tinha a intenção de estabelecer uma graduação das capacidades inatas que permitisse encaminhar as pessoas, em particular as crianças, às posições que lhes cabiam na vida.

De acordo com Gould, Terman desejava limitar ou eliminar aqueles cuja inteligência fosse demasiado baixa para que pudessem conduzir uma vida normal ou em conformidade com os valores morais. Para Terman, a causa fundamental da patologia social era o retardamento mental inato.

A partir de Terman, a aplicação de testes logo se transformou numa indústria milionária, e os testes passaram a ser realizados de maneira indiscriminada. Segundo o próprio Terman, as profissões de maior prestígio ou de maior remuneração deveriam ser vedadas às pessoas com um QI inferior a 100. Pouco mais de meia hora e o fracasso em uns poucos testes poderiam marcar a vida de uma criança para sempre.

O terceiro americano que Gould indica como um deturpador de Binet é R. M. Yerkes. Para Gould, Yerkes acreditava que a fonte mais promissora de dados numéricos abundantes e objetivos fosse o ainda embrionário campo dos testes mentais. Segundo Yerkes, se a psicologia conseguisse introduzir a questão da potencialidade humana no âmbito da ciência, alcançaria o status necessário para ser considerada uma verdadeira ciência, digna de receber apoio financeiro e institucional.

Yerkes, Terman e Goddard trabalharam juntos em 1917 para elaborar um conjunto de testes que seria aplicado aos recrutas do exército americano. Os soldados seriam, após os testes, classificados para funções de acordo com uma escala que ia de A até E e determinava o ápice que cada um poderia atingir no exército. Dessa forma, por exemplo, um recruta do grupo C deveria ser classificado como tendo uma inteligência média baixa e só poderia ter como função ser soldado raso.

Embora o exército não tenha se entusiasmado muito com os testes da equipe de Yerkes, empresas e escolas demonstraram enorme disposição em aplicá-los. A ideia da classificação em massa, apresentada por Terman, ganhou um potente aliado nos trabalhos de Yerkes.

para refletir !!!

Os testes de QI tiveram várias consequências sociais sérias, como a defesa da segregação racial e da limitação da imigração para indivíduos com QI abaixo da média dos "americanos brancos".

O FATOR GERAL *G* DE INTELIGÊNCIA E A ANÁLISE FATORIAL

Na medida em que duas qualidades mensuráveis estão relacionadas dentro de determinado grupo de pessoas, podemos estimar como uma varia em relação à outra. Se, falando em termos gerais, quanto mais alta for uma pessoa, maior será seu peso, poderemos dizer que altura e peso estão correlacionados positivamente nesse grupo. Se o fato de ser mais alto implicasse ser menos pesado, diríamos que peso e altura estão negativamente correlacionados.

Podemos expressar o grau de correlação mediante o dado estatístico conhecido como **coeficiente de correlação**, que pode variar de -1 a +1.

▶ Um coeficiente de **+1** indica uma correlação perfeita e positiva: o aumento de uma variável sempre implica o aumento da outra.

▶ Um coeficiente de **-1** indica uma correlação perfeita e negativa: a relação é perfeitamente clara, porém o aumento de uma variável implica a diminuição da outra.

Os coeficientes de correlação situados entre -1 e +1 indicam relações menos sistemáticas; o valor real de um coeficiente nos proporciona uma base precisa, ainda que complicada, para descrever a relação. Assim, uma relação de zero indicará que não há relação sistemática alguma. O coeficiente zero, no exemplo anterior, nos faria supor que conhecer a altura de uma pessoa não nos permite saber nada sobre seu peso. Ao aumentar o valor da correlação, seja em sentido positivo ou negativo, aumenta sua capacidade para estimar uma variável a partir do conhecimento de uma outra.

Uma relação sistemática entre duas medidas pode assumir diferentes formas. O coeficiente de correlação é uma maneira de expressar uma delas.

importante >>

Uma correlação não implica necessariamente a existência de uma relação causal: uma coisa variar conjuntamente com outra não quer dizer necessariamente que uma seja a causa da outra.

Se temos um conjunto de medidas relativas a um grupo de pessoas – por exemplo, o resultado da aplicação de 20 testes a 100 sujeitos –, podemos calcular a maneira como cada conjunto de pontuações de um teste se correlaciona com outros conjuntos de pontuações dos demais testes, quer dizer, podemos dispor das correlações de todos os pares possíveis de teste. Porém, isso nos proporciona uma tábua sumamente complicada de dados.

Podemos clarificar essa tábua de dados na medida em que as pontuações de diversos testes tendam a agrupar-se conjuntamente. Isso se leva a cabo mediante a aplicação de uma técnica complexa, conhecida como **análise fatorial**, que expressa qualquer tendência dos testes a "variar conjuntamente", em termos de suas saturações sobre hipotéticos fatores comuns.

Supondo, por exemplo, que nossos 20 testes formassem quatro subgrupos, esses subgrupos se organizariam em quatro fatores, e cada grupo de testes apresentaria ponderações elevadas com seu fator correspondente. Sem dúvida, as coisas não são normalmente assim tão claras, e o mais frequente é que todos os testes apresentem correlações com os demais e, portanto, estejam implicados em mais de um subgrupo – por exemplo, um teste de física se correlaciona com testes de matemática e de raciocínio verbal.

importante ▶▶

Um teste pode ser significativo em mais de um fator quando os dados são analisados fatorialmente. Se praticamente todos os testes submetidos à análise fatorial se correlacionarem razoavelmente entre si, aparecerá um **fator geral**.

Entre os psicometristas, surgiu um interesse evidente de dispor de uma amostra representativa do amplo campo de atitudes humanas e conhecer o modo como elas se relacionam entre si. A comprovação repetida de que todos os tipos de testes de aptidão tendem a apresentar correlações positivas – ou seja, de que sair-se bem em uma coisa significa tender a sair-se bem em outras – cristaliza a afirmação de que parece existir um fator geral de inteligência. Um pioneiro nessa área foi o britânico Charles Spearman (1904), para quem as pontuações de um teste poderiam explicar-se recorrendo a duas classes de fatores:

- um fator geral g; e
- um fator específico S.

Essas duas classes de fatores podem ser representadas como segue:

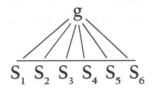

O rendimento de uma pessoa em certo teste dependeria, segundo Spearman, tanto da quantidade de aptidão geral g que ela possui quanto da quantidade de aptidão específica S implicada no mesmo teste. Essa teoria bifatorial enfatiza notavelmente o papel da aptidão geral e, portanto, a possibilidade de caracterizar cada pessoa como inteligente ou não.

Analisando a concepção de Spearman, Gould afirma que, ao calcular g, Spearman supôs que havia descoberto uma qualidade unitária subjacente a todas as atividades mentais cognitivas, uma qualidade que poderia ser expressa pela classificação de pessoas ao longo de uma "escala unilinear de valor intelectual".

Ao elaborar a ideia de um fator geral de inteligência, Spearman, que não questionava os testes, mas o empirismo sem base teórica dos pesquisadores, passou a sustentar com veemência que as justificativas dos testes de Binet estavam em sua teoria do fator geral; para ele, a avaliação do QI funciona porque mede g. Segundo Gould, a única justificativa teórica promissora que as teorias hereditaristas do QI jamais tiveram foi fornecida pelo g de Spearman e seu corolário: a inteligência como entidade única e mensurável.

importante >>

Considerar o QI como medida de g permitiu que se consumasse o casamento entre as duas grandes correntes da medição da inteligência: os testes de QI e a análise fatorial.

NOVOS PARADIGMAS PARA A CONCEPÇÃO DE INTELIGÊNCIA

Embora a concepção hegemônica de inteligência ainda seja a de capacidade – ou grandeza – única e mensurável, podemos observar que recentemente têm surgido indícios de modificações nos usos da palavra inteligência. Sobre isso, Machado (1995, p. 82) declara:

> No discurso pedagógico, ao lado de expressões como testes de inteligência, indivíduo inteligente, inteligência brilhante, falta de inteligência, encontram-se cada vez com maior frequência outras como inteligência artificial, tecnologias da inteligência, sistemas inteligentes, inteligência múltipla, que apresentam, naturalmente, pontos de contato com as anteriores, mas que sugerem com muito vigor outros núcleos de significação.

Nesse sentido, o autor afirma que já não parece tão frequente e absoluta a consideração da inteligência como grandeza a ser medida e associada aos testes de inteligência. Para Machado, a associação de inteligência a um caráter múltiplo, a um espectro de competências, tem ganho cada vez mais terreno.

importante >>

É perceptível certa tendência em adjetivar como inteligentes não mais indivíduos considerados de modo isolado, mas sistemas capazes de exibir determinadas competências, a primeira das quais talvez seja a capacidade de mobilizar-se em direção à realização de seus projetos.

É expressivo o número de estudiosos da psicologia e pesquisadores fora da área que se têm convencido de que o entusiasmo em relação aos testes de inteligência foi excessivo e de que há inúmeras limitações nos próprios instrumentos e nos usos aos quais eles poderiam ser destinados. Gould mostrou, em *A falsa medida do homem*, que não há nada em medições matemáticas que garanta a possibilidade de avaliar a inteligência de um indivíduo. Segundo ele, quando o assunto é a interpretação dos testes de QI, nos defrontamos com uma questão de gosto ou preferência sobre a conclusão científica que tende a ser atingida.

Howard Gardner (1994)[2] indica a necessidade de nos afastarmos totalmente dos testes e das correlações entre eles e, em vez disso, observarmos fontes naturais de informações a respeito da maneira como as pessoas, em nível global, desenvolvem capacidades importantes para seu modo de vida. Ele apresenta a ideia de que essa

---

2 No Brasil, essa obra foi publicada sob o título Inteligências múltiplas: a teoria na prática, pela editora Artes Médicas, em 1995.

fixação dos americanos por testar, classificar e medir a capacidade intelectual das pessoas está alicerçada em três grandes preconceitos dessa sociedade: o **westismo**, o **bestismo** e o **testismo**.

definição ▼

O westismo consiste em colocar num pedestal o pensamento ocidental, como se o pensamento lógico e a racionalidade fossem as únicas virtudes que realmente importassem.

O bestismo tem como fundamento o pressuposto de que o que importa a um indivíduo é ser melhor do que todos em algo considerado importante pela sociedade.

O testismo sugere que tudo o que tem valor pode ser testado, dessa forma, só vale a pena prestar atenção a uma determinada capacidade humana se ela for prontamente "testável".

Pierre Lévy (1993, p. 135), em *As tecnologias da inteligência*, quando reflete sobre o papel das técnicas na organização e caracterização da inteligência, declara:

> A inteligência ou a cognição são o resultado de redes complexas onde interagem um grande número de atores humanos, biológicos e técnicos. Não sou "eu" que sou inteligente, mas "eu" com o grupo humano do qual sou membro, com minha língua, com toda uma herança de métodos e tecnologias intelectuais. Para citar apenas três elementos entre milhares de outros, sem o acesso às bibliotecas públicas, a prática em vários programas bastante úteis e numerosas conversas com os amigos, aquele que assina este texto não teria sido capaz de redigi-lo. Fora da coletividade, desprovido de tecnologias intelectuais, "eu" não pensaria. O pretenso sujeito inteligente nada mais é que um dos microatores de uma ecologia cognitiva que o engloba e restringe.

Para o pesquisador de inteligência artificial do Massachusetts Institute of Technology (MIT) Marvin Minsky, a mente funciona como uma sociedade, isto é, a mente não forma um todo coerente e harmonioso, mas é constituída de peças e pedaços. Minsky emprega uma metáfora para sugerir que um cérebro humano conteria milhares de computadores diferentes, estruturados com centenas de arquiteturas diferentes, desenvolvidos de modo independente ao longo de milhões de anos de evolução. Não haveria nem mesmo um código de organização comum a todo o sistema cognitivo.

Segundo Minsky (1989), o psiquismo deve ser imaginado como uma sociedade, na qual milhares de agentes, eventualmente agrupados em "agências", competem por recursos limitados, buscam objetivos divergentes, cooperam, subordinam-se uns aos outros. É nesse contexto de pesquisadores, que consideram haver mais na inteligência humana do que respostas curtas para perguntas curtas, que situamos a Teoria das Inteligências Múltiplas.

GARDNER E A TEORIA DAS INTELIGÊNCIAS MÚLTIPLAS

Howard Gardner e uma equipe de pesquisadores da Harvard University entram no cenário dos estudos sobre a inteligência assumindo uma posição de que há evidências da existência de diversas competências intelectuais humanas, as quais eles chamam genericamente de **inteligências**.

importante >>

Nos diversos projetos de pesquisa que Gardner e a equipe de pesquisadores têm desenvolvido, a ideia central é a de que as manifestações da inteligência são múltiplas e compõem um amplo espectro de competências, que inclui as dimensões lógico-matemática e linguística, mas também a musical, a espacial, a corporal-cinestésica, a interpessoal e a intrapessoal.

Gardner defende que sua teoria está baseada numa visão pluralista da mente, que reconhece muitas facetas diferentes e separadas da cognição e que as pessoas têm forças cognitivas diferenciadas e estilos cognitivos contrastantes. Segundo Gardner (1994), numa visão tradicional, a inteligência, definida operacionalmente como a capacidade de responder a itens em testes de inteligência, é um atributo ou faculdade inata do indivíduo.

Na opinião do pesquisador, sua teoria se contrapõe à visão tradicional da inteligência, porque pluraliza o conceito tradicional. Para Gardner e sua equipe, uma inteligência implica a capacidade de criar algo, resolver problemas ou elaborar produtos que sejam importantes num determinado ambiente ou comunidade cultural. Os problemas a serem resolvidos variam de teorias científicas a composições musicais para campanhas políticas de sucesso.

> **definição** ▼
>
> A capacidade de resolver problemas permite à pessoa abordar uma situação em que um objetivo deve ser atingido e localizar a rota adequada para esse produto.

A insatisfação com o conceito de QI e com visões unitárias da inteligência foi abordada por outros pesquisadores antes de Gardner. L. L. Thurstone defendeu que a inteligência poderia ser descrita com a ajuda de vários fatores independentes uns dos outros. Em seus trabalhos, ele sugeriu nove aptidões intelectuais:

- **S** – espacial;
- **P** – velocidade perceptual;
- **N** – numérica;
- **V** – compreensão verbal;
- **W** – fluência verbal;
- **M** – memória;
- **I** – indução;
- **R** – raciocínio aritmético; e
- **D** – dedução.

Essa estrutura recebeu o nome de **análise fatorial múltipla**.

L. R Guilford, por sua vez, tentou elaborar um modelo teórico da estrutura do intelecto sobre a base dos tipos de processos, produtos e conteúdos implicados na tarefa de resolução de um problema. Para esse pesquisador, a inteligência era composta de:

- cinco operações:
- cognição;
- memória;
- avaliação;

- produção divergente;
- produção convergente;
- seis produtos:
- unidades;
- classes;
- relações;
- sistemas;
- transformações;
- implicações;
- quatro conteúdos:
- figural;
- simbólico;
- semântico;
- comportamental.

As diversas possibilidades de essas três faces do intelecto se combinarem deram lugar, nos trabalhos de Guilford, a 120 (5×6×4) fatores de inteligência.

Muito embora haja aparentemente pontos de ligação entre os trabalhos de Thurstone e de Guilford e a teoria apresentada pela equipe de Harvard, o próprio Gardner afirma que tais trabalhos não foram bem-sucedidos, porque também basearam suas pesquisas na lógica dos testes de QI e da análise fatorial.

para refletir !!!

De certo modo, Thurstone e Guilford, em seus trabalhos, questionaram a unicidade da inteligência, mas não o fato de que ela pode ser medida. De acordo com Gardner, para haver uma ruptura mais contundente, o conceito todo de inteligência tem de ser questionado e, de fato, substituído.

Segundo Sternberg (1990), a Teoria das Inteligências Múltiplas pode ser vista como tendo três princípios fundamentais. O primeiro deles seria que **a inteligência não é algo simples que possa ser visto unitariamente ou como incluindo múltiplas habilidades**. Ao contrário, existem múltiplas inteligências – cada uma distinta da outra. De fato, ao apresentar o modelo que pensou para a inteligência, Gardner diz acreditar que a competência cognitiva humana seja melhor descrita em termos de um conjunto de capacidades, talentos ou habilidades mentais, que podem ser genericamente chamados de "inteligências".

Para Sternberg, a diferença entre propor uma inteligência compreendida por habilidades múltiplas e propor as inteligências múltiplas, cada uma distinta da outra, é sutil. Contudo, a proposta das inteligências múltiplas enfatiza a visão de Gardner de que cada inteligência é um sistema em seu próprio domínio, mais do que meramente um aspecto de um sistema maior que nós tradicionalmente chamamos de inteligência.

O segundo ponto fundamental da Teoria das Inteligências Múltiplas, para Sternberg, seria o fato de **as inteligências serem independentes umas das outras**. Isso significa que uma habilidade pessoal avaliada sob uma inteligência não garante, na teoria, ser previsível o resultado da avaliação da mesma pessoa sob outra competência.

Essa característica contrapõe-se frontalmente àquela examinada quando discorremos sobre as correlações feitas a partir dos testes de QI: a de que, se um indivíduo pontuasse bem em determinado teste que medisse certa habilidade, ele deveria ser bem-sucedido em qualquer outro teste. Para Gardner, isso não pode ser aceito, uma vez que a independência das inteligências contrasta intensamente com as tradicionais medidas de QI, que encontram altas correlações entre os resultados de testes.

Gardner acredita que as habituais correlações entre os subtestes de QI ocorrem porque todas essas tarefas, na verdade, medem a capacidade de responder rapidamente a itens do tipo lógico-matemático ou do tipo linguístico. De acordo com Gardner, as correlações seriam substancialmente reduzidas se examinássemos de maneira contextualmente adequada a completa gama das capacidades humanas de resolver problemas.

O terceiro ponto da Teoria das Inteligências Múltiplas, segundo Sternberg, trata da interação entre as competências: **as inteligências interagem**, e, apesar da distinção que Gardner estabelece entre elas, nada seria feito ou nenhum problema se resolveria se as pretendidas distinções e a independência significassem que as inteligências não pudessem trabalhar juntas. Para Gardner, por exemplo, um problema de matemática no qual não fosse possível usar também as dimensões linguística e espacial poderia apresentar-se insolúvel.

> **importante** »
>
> Gardner afirma que cada papel cultural que o indivíduo assume na sociedade, seja qual for o grau de sofisticação, requer uma combinação de inteligências.

Por tudo isso, ao ler os trabalhos de Gardner, notamos que seu núcleo central não está no número de competências que podem ser associadas à inteligência, mas fundamentalmente no caráter múltiplo que a inteligência apresenta e na possibilidade de olharmos para as manifestações da inteligência não mais sob a perspectiva de uma grandeza a ser medida ou como um conjunto de habilidades isoladas, mas como uma teia de relações que se tece entre todas as dimensões que se estabelecem nas possibilidades de manifestação da inteligência.

▶ A dimensão **lógico-matemática** é normalmente associada à competência de desenvolver raciocínios dedutivos, construir ou acompanhar longas cadeias de raciocínios, vislumbrar soluções para problemas lógicos e numéricos, lidar com números ou outros objetos matemáticos. Segundo Gardner, essa dimensão da inteligência tem sido regularmente objeto de estudo e consideração por parte de psicólogos e epistemólogos, como Jean Piaget. Em seu estereótipo mais frequente, a dimensão lógico-matemática da inteligência estaria fortemente associada ao pensamento científico.

▶ A dimensão **linguística** da inteligência é, segundo Gardner, a competência que parece mais ampla e democraticamente compartilhada na espécie humana. Assim como a dimensão lógico-matemática, tem sido tradicionalmente estudada e pesquisada pela psicologia cognitiva. Essa competência se expressa de modo característico em todos que lidam de forma criativa com as palavras, com a língua corrente, com a linguagem de um modo geral. Poetas, oradores, escritores, vendedores e publicitários seriam exemplos de indivíduos com a dimensão linguística da inteligência bastante desenvolvida. O principal canal de construção/desenvolvimento dessa inteligência seria o oral-auditivo, muito embora pessoas com deficiência em uma das partes desse canal possam desenvolver a competência linguística.

▶ Para considerar a **competência musical** como uma das dimensões básicas da inteligência, Gardner partiu de numerosas observações empíricas e de dados da realidade. Ele analisou o papel da música em sociedades primitivas, em diferentes culturas, em épocas diversas, bem como no desenvolvimento infantil, e parece ter se convencido de que a habilidade musical representa uma manifestação da inteligência. Ainda que possua o mesmo canal central que a competência linguística, a dimensão musical não estaria necessariamente subordinada a nenhuma das outras dimensões.

▶ A dimensão **espacial** da inteligência está diretamente associada às atividades do arquiteto, do cirurgião, do escultor e do navegador. Inerentes à competência espacial estariam as capacidades de perceber o mundo com precisão e efetuar transformações e modificações sobre as percepções iniciais. Assim, a inteligência espacial focaliza as capacidades do indivíduo de transformar objetos dentro de seu meio e orientar-se em meio a um mundo de objetos no espaço, fornecendo elementos para a percepção e a administração do espaço, a elaboração ou a utilização de mapas, de plantas, de representações planas de um modo geral. Alguns estudos sugerem fortes indícios de que essa competência, no caso dos ocidentais destros, desenvolve-se primordialmente no lado direito do cérebro.

▶ A competência **corporal-cinestésica** tem sua manifestação típica no atleta, no bailarino, no mímico, que seguramente não elaboram previamente cadeias de raciocínios para realizar seus movimentos e, na maior parte das vezes, não conseguem explicá-los verbalmente. A característica dessa inteligência é a capacidade de usar o próprio corpo de maneiras diferentes e hábeis para fins de expressão. Os exercícios e treinamentos conseguem desenvolver tal competência, embora apareçam diferenças significativas entre diferentes indivíduos. No centro da dimensão corporal estariam duas capacidades: controlar o movimento do próprio corpo e manusear objetos com habilidade.

▶ A chave da inteligência **interpessoal** é revelada por uma competência especial de relacionar-se bem com outras pessoas, perceber seus humores, seus sentimentos, suas emoções, suas motivações, ou seja, permitir um descentrar-se para trabalhar com o outro. Segundo Gardner, apoiada nas relações humanas, em sua forma mais elaborada, essa competência habilita um indivíduo adulto a ler as intenções e os desejos dos outros e é característica nos líderes, nos políticos, nos professores, nos terapeutas e nos pais.

▶ Com relação à inteligência **intrapessoal**, a característica básica é o conhecimento de uma pessoa em relação a si mesma e a capacidade de estar bem consigo. No entender de Gardner, uma pessoa com a competência intrapessoal bem desenvolvida controla suas emoções, administra seus sentimentos e seus projetos, constrói um entendimento e um guia de seu próprio desenvolvimento. Dessa forma, a inteligência intrapessoal permite a um indivíduo um trabalho consigo mesmo. Segundo Gardner, a criança autista é um exemplo prototípico de um indivíduo com a inteligência intrapessoal prejudicada, pois, muitas vezes, ela não consegue referir-se a si mesma, ainda que exiba habilidades em outras áreas.

importante ≫

Na concepção dos pesquisadores de Harvard, as dimensões **linguística** e **musical** da inteligência comporiam um dueto cujo principal canal é o **oral-auditivo**. As competências **lógico-matemática**, **espacial** e **corporal-cinestésica** formariam o trio de competências relacionadas a **objetos**. Já as dimensões **interpessoal** e **intrapessoal** comporiam, no espectro, as competências voltadas para a **esfera interior emocional-afetiva** responsáveis pelo senso de "eu", que se modificará por toda a vida e influenciará pensamentos, comportamentos e a relação de um indivíduo consigo mesmo e com outros em seu meio.

É possível perceber um aspecto que Gardner defende em todo o seu estudo: as inteligências ou competências, embora possuam, cada uma, seus próprios mecanismos de ordenação e expressão e mereçam ser consideradas individualmente como um domínio autônomo, têm muitas interfaces estabelecidas entre si. Ao examinar as relações entre as diversas competências em sua obra *Estruturas da mente* (GARDNER, 1993), Gardner declara que analogias podem ser encontradas entre quaisquer duas inteligências e que, de fato, um dos grandes prazeres em qualquer área intelectual se deve a uma exploração de seu relacionamento com outras esferas da inteligência.

Examinar aspectos dessas interfaces, que Gardner optou por chamar de **analogias**, bem como fazer uma análise do espectro de competências, é o que se pretende fazer a seguir.

UMA ANÁLISE DO ESPECTRO

O debate sobre a Teoria das Inteligências Múltiplas é recente e, por estar apenas iniciando, apresenta-se sujeito a críticas. Como afirma Sternberg ao analisar o modelo de Gardner, toda nova teoria sobre inteligência – ou, neste caso, inteligências – torna-se passível de críticas.

Ainda que o debate seja recente, desde a apresentação da teoria, em 1983, pelo livro *Frames of Mind*,[3] até a publicação da obra *Multiple Intelligences: The Theory in Practice*, em 1993, Gardner e seu grupo receberam muitas críticas e inúmeros foram os questionamentos levantados em torno do trabalho apresentado. Tanto que, na obra de 1993, Gardner dedica um capítulo inteiro para responder a algumas das principais questões a ele apresentadas referentes ao modelo.

Com relação ao **número de componentes** do espectro proposto por Gardner, podemos dizer que não aparece como princípio que seja definitivo, como o próprio autor declara:

> Então torna-se necessário dizer, de uma vez por todas, que não há e jamais haverá uma lista única, irrefutável e universalmente aceita de inteligências humanas. Jamais haverá um rol mestre de três, sete ou trezentas inteligências que possam ser endossadas por todos os investigadores. (GARDNER, 1993, p. 45).

O trecho anterior indica também que não há nenhuma dependência da teoria em relação ao número de competências até agora classificadas por Gardner e sua equipe. Em vários pontos de seus trabalhos, Gardner diz que o que apresenta é uma lista preliminar que pode ser rearranjada e cujo ponto real é chamar a atenção para a pluralidade da inteligência, para o fato de que uma inteligência não é um corpo unificado que pode ser medido.

Como declara Sternberg em sua análise, Gardner nunca afirmou, em qualquer lugar, que o verdadeiro número de inteligências é sete. Particularmente, ele aplicou o crité-

---

3 No Brasil, essa obra foi publicada sob o título Estruturas da mente: a teoria das inteligências múltiplas, em 1994, pela editora Artes Médicas.

rio que ele mesmo sugeriu para distinguir uma inteligência e alcançou sete como uma hipótese de trabalho.

> **importante** »
>
> Na Teoria de Inteligências Múltiplas, não há uma preocupação com números, mas com o fato de a inteligência ser um espectro de competências.

Ao responder sobre a possibilidade de uma das componentes do espectro atuar como **líder**, como executiva para o funcionamento efetivo de todas as outras, Gardner afirma que uma "competência executiva" não constitui um atributo de sua teoria. Para ele, a capacidade de um indivíduo avaliar suas inteligências e planejar utilizá-las juntas de maneira efetiva deve estar mais ligada a um senso de "eu", que seria uma manifestação da inteligência intrapessoal influenciada por outras competências, como, por exemplo, a linguística e a lógico-matemática.

> **importante** »
>
> Tudo indica, no trabalho sobre inteligências múltiplas, não haver uma competência mais importante do que a outra, já que, em sua caracterização, todas têm igual importância. Na realidade, Gardner considera um desvio da sociedade ocidental colocar as dimensões linguística e lógico-matemática num pedestal.

Com relação ao trabalho sobre inteligências múltiplas, também é possível notar que as diferentes competências foram classificadas e separadas com finalidade de pesquisa e estudo, mas que não há intenção de estabelecer muralhas entre elas. Ao contrário, segundo o próprio autor, as competências listadas não são completamente independentes, havendo, como regra geral, intersecções e interfaces entre elas.

Em várias partes destinadas ao exame das competências na obra *Estruturas da mente*, pode-se notar a preocupação do autor em deixar-nos entrever as imbricações entre as diferentes dimensões da inteligência, como podemos perceber nas seguintes passagens (nas quais ele deixa-nos captar, respectivamente, uma formação de pares entre: a competência musical e a corporal-cinestésica; a inteligência musical e a interpessoal; e a dimensão lógico-matemática e as demais componentes do espectro):

[...] há uma ligação entre a música e a linguagem corporal ou gestual [...] em algumas análises a música é pensada como um gesto expandido. (GARDNER, 1994, p. 96).

A música pode servir como um meio para capturar sentimentos, conhecimento sobre sentimentos ou conhecimento sobre as formas de sentimento, comunicando-os do intérprete ou criador para o ouvinte atento. (GARDNER, 1994, p. 97).

Sem sombra de dúvida, então, pode haver várias ligações entre a inteligência lógico-matemática e as outras formas de inteligência que aqui estou examinando. (GARDNER, 1994, p. 130).

para refletir !!!

Quando questionado sobre a possibilidade da existência de uma inteligência moral ou espiritual, Gardner sugere que ela estaria situada numa possível interface entre as competências interpessoal e intrapessoal.

Examinando o espectro do ponto de vista de suas componentes, notamos que aparecem conexões e elos naturais, como, por exemplo, os existentes entre as componentes:

- lógico-matemática e espacial;
- linguística e musical;
- espacial e corporal-cinestésica.

Outras inter-relações também podem ser estabelecidas entre duas ou três componentes do espectro, como é o caso, por exemplo, das componentes:

- musical, linguística e corporal-cinestésica;
- corporal-cinestésica, interpessoal e musical.

Ao considerar a crítica sobre o seu modelo ser similar a uma **análise fatorial**, Gardner não apenas afirma estar convencido de que uma análise fatorial não pode descobrir uma inteligência como em todo o seu trabalho nega peremptoriamente os três sustentáculos da análise fatorial:

- os testes como medida da inteligência;
- a correlação; e
- a existência de um fator geral e único de inteligência.

Nesta análise do modelo, há outro aspecto a ser abordado, que é, em nossa concepção, a consideração das componentes linguística e lógico-matemática de modo um tanto restrito nos estudos de Gardner. De fato, em sua caracterização do linguístico, há uma tendência em considerar como linguagem apenas o que é verbal, seja em sua forma oral ou escrita, distanciando-se claramente de outras formas de linguagem, como a musical, a corporal e a pintura, que estariam, dentro do modelo apresentado, associadas a outras dimensões da inteligência. Por sua vez, a competência lógico-matemática estaria associada fortemente a cálculos numéricos e medidas. Sobre isso, Machado (1995, p. 102) afirma:

> [...] por outro lado, a lógico-matemática parece estar diretamente associada a cálculos envolvendo números ou medidas, rotulando-se de outra maneira competências como as associadas à elaboração de croquis, plantas ou mapas, ou de outros elementos geométricos que corresponderiam à dimensão espacial da inteligência.

De fato, Gardner (1994) parece apresentar uma visão estreita acerca do que deveria ser desenvolvido nos alunos em relação à competência lógico-matemática. Ao considerar quais seriam as habilidades básicas em matemática a serem demonstradas por alunos ao saírem da escola, ele se restringe a aptidões numéricas. Para ele, os alunos de matemática deveriam ser capazes de:

- medir quantidades relevantes em sua vida;
- fazer investimentos razoáveis;
- entender os princípios de amortização e seguros; e
- preencher seus formulários para pagamentos de impostos.

importante >>

Seja no caso da componente linguística ou da lógico-matemática, é fundamental um alargamento das concepções que a elas subjazem na proposta apresentada por Gardner.

No tocante à dimensão linguística, seria necessário incorporar um sentido mais amplo, que não se restringisse apenas às linguagens verbais, aceitando o princípio de que há outras formas de linguagem, como a musical, a corporal, a artística, a icônica, entre outras.

No caso da matemática, seria interessante refletirmos sobre o que diz Machado acerca de incorporar ao pensamento matemático, no quadro inicialmente sugerido por Gardner, determinadas manifestações de competência geométrica associadas à inteligência espacial, além de alguns objetos matemáticos mais atuais, como as estruturas e as categorias, e, ainda, formas de articulação de ideias e de raciocínios legitimamente matemáticos que tenham por base o pensamento analógico, tão frequentemente esquecido pelo modelo aristotélico, que predomina no pensamento ocidental.

Nesse sentido, acreditamos que os alunos de matemática deveriam possuir muito mais do que o forte senso numérico apontado por Gardner. Na realidade, implícitas à dimensão lógico-matemática da inteligência, estariam as capacidades de:

- identificar, formular e resolver problemas;
- identificar padrões;
- fazer generalizações;
- elaborar conjecturas;
- usar modelos, fatos, contraexemplos e argumentos lógicos para validar ou não uma conjectura; e, finalmente,
- perceber, conceber, analisar e representar objetos geométricos.

Esse olhar mais amplo para o par linguística/lógico-matemática faria com que ele pudesse ser articulado de modo que acolhesse pelo menos mais três das componentes apontadas por Gardner – a espacial, a corporal-cinestésica e a musical –, restando fora do alcance do par apenas as competências interpessoal e intrapessoal. Assim, parece que estariam fora do par linguística/lógico-matemática os aspectos referentes ao conhecimento do eu e do outro ou os valores e aspectos morais que, ao que tudo indica, Gardner pretendeu situar na interface do par intra/interpessoal.

para refletir !!!

Parece-nos lícito vislumbrar dois grandes eixos relativamente independentes no espectro. Um, o das **linguagens**, conteria os instrumentos para a manifestação das competências; o outro, o dos **valores**, estaria associado à organização e à compreensão da vida em sociedade.

EIXOS E PARCERIAS: AMPLIANDO O ESPECTRO

A análise anterior do espectro de competências conduziu-nos a entrever dois grandes eixos relativamente independentes: o das **linguagens** e o dos **valores**. Caso começássemos a esboçar o espectro de competências geometricamente, teríamos a representação a seguir.

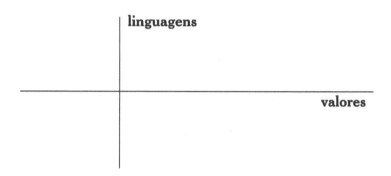

Machado (1995) afirma que, apresentadas dessa forma, as diversas formas de expressão e comunicação que constituem as diferentes linguagens tornamse instrumentos fundamentais para a manifestação das competências. Associando isso a uma elaboração de valores, teremos as condições imprescindíveis tanto para a realização total de cada indivíduo em seu processo de humanização quanto para a construção de uma significação ampla e global para as ações humanas.

Observando e analisando mais de perto as relações entre as diversas componentes do espectro proposto por Gardner, é possível, então, identificar a formação de três pares que apresentam entre si relações de reciprocidade e, até, de complementariedade:

- o par *linguístico/lógico-matemático*;
- o par *inter/intrapessoal*; e
- o par *espacial/corporal-cinestésico*.

> **definição**
>
> Reciprocidade é tomada aqui não no sentido matemático de inverso ou aposição, mas como compensação, como uma relação de troca ou permuta permanente. A complementariedade aparece se considerarmos cada competência como manifestação diferente de um mesmo fenômeno, que genericamente seriam as "inteligências"; cada uma delas pode ser investigada separadamente, mas uma completa o significado da outra.

Na representação geométrica que estamos construindo para o espectro de competências e as parcerias que ele propicia, teríamos um esquema como o que segue.

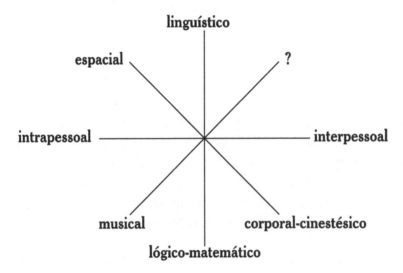

Observando essa representação, notamos que, das competências apresentadas por Gardner, resta sem par a **competência musical**. Certamente a inteligência musical não aparece como uma competência isolada, já que se articula naturalmente com a inteligência corporal-cinestésica e a espacial, como podemos observar por manifestações como a dança e a mímica. Mais do que isso, outras formas de expressão da competência musical aparecem para denotar uma promissora relação entre essa competência e outras componentes do espectro, como a matemática, por exemplo.

Entretanto, não estamos aqui examinando apenas as interfaces entre as diferentes componentes do espectro, mas procurando associar a cada uma delas um par, no sentido de estabelecer parceria, troca, complementariedade. Nesse contexto, a aparente ausência de uma parceria da música com uma outra competência dentro do espectro nos faz sentir a necessidade de voltar ao modelo inicialmente proposto por Gardner e examinar a possibilidade de nele descobrir o par desejado.

> **importante** »
>
> Ao analisar o espectro de Gardner, Machado aponta na direção da inserção de mais uma componente no modelo. Para esse autor, com essa motivação, ainda que sem qualquer pressuposição de cunho formal, apenas observando a manifestação e o desenvolvimento das habilidades infantis, é possível notar que qualquer criança, desde muito cedo, expressa-se por meio de **desenhos**.

Segundo Machado, antes mesmo que a linguagem escrita seja acessível à criança, os recursos pictóricos tornam-se elementos essenciais à comunicação e à expressão de sentimentos, funcionando como um canal muito especial, por meio do qual as individualidades se revelam – ou são construídas –, expressando, ainda, muitas vezes, características gerais da personalidade. De acordo com o autor, a expressão pictórica associa-se naturalmente a manifestações artísticas de diversas naturezas, como a pintura, por exemplo, situando-se no limiar da instalação da linguagem escrita, ainda que esta não venha a substituí-la completamente.

UMA COMPETÊNCIA CANDIDATA AO ESPECTRO: A INSERÇÃO DO DESENHO

Gardner (1994) afirma que uma competência intelectual humana deve mostrar um conjunto de habilidades de resolução de problemas que capacitem o indivíduo a resolver problemas ou dificuldades genuínos. Sabemos que há muitos estudos, entre eles os de Derdyk (1989) e os de Moreira (1993), mostrando que o desenho aparece à criança, ainda na mais tenra idade, como um recurso que, além de envolver uma operacionalidade prática de comunicação e expressão, pode ser considerado como intenso exercício emocional e intelectual na busca por resolver problemas que são identificados na realidade.

Do mesmo modo, Gardner diz que, para compor o espectro, uma candidata à competência deve ser genuinamente útil e importante, pelo menos, em determinados cenários culturais. Ninguém ousaria questionar o papel do desenho no cenário do desenvolvimento intelectual e social da humanidade.

Ao apresentar critérios para a seleção de uma componente do espectro, Gardner (1994) declara ter consultado evidências a partir de alguns diferentes recursos:

- conhecimento sobre o desenvolvimento em indivíduos normais e com alterações no desenvolvimento;

- informações sobre a quebra de habilidades cognitivas sob condições de dano cerebral;

- estudos de populações excepcionais, incluindo prodígios, *idiots savants*[4] e crianças autistas;

- dados sobre a história evolutiva ao longo dos séculos;

- estudos psicométricos;

- tarefas psicológicas experimentais.

OS OITO SINAIS DE UMA INTELIGÊNCIA

Gardner e sua equipe delinearam o que podemos chamar de **oito sinais de uma inteligência**, que apresentaremos a seguir. Antes, porém, é preciso destacar que, nos dizeres do próprio Gardner, os critérios apresentados são mais artísticos, mais subjetivos do que um algoritmo para encontrar uma inteligência.

para refletir !!!

Segundo Gardner, seria mais do que desejável dispormos de algum algoritmo para a seleção de uma inteligência, para que qualquer pesquisador treinado pudesse determinar se uma inteligência candidata satisfaz a alguns critérios predeterminados. Contudo, ao menos no presente, ele admite que a seleção (ou a rejeição) de uma candidata ao espectro lembra mais um julgamento artístico do que uma avaliação científica.

---

4 *Idiot Savant* seria um indivíduo considerado mentalmente deficiente, mas apresentando um talento altamente especializado em determinada área, como cálculo rápido ou grande capacidade de memória.

▶ Isolamento por dano cerebral

Ocasionalmente, intervenções, naturais ou não, resultam em lesões ou destruição literal de determinadas partes cerebrais. Os neuropsicólogos são particularmente interessados em pacientes com lesões cerebrais, porque eles podem ser úteis para descobrir e isolar determinadas porções do cérebro que seriam responsáveis por uma função mental particular. A lógica é: se uma parte do cérebro é, hipoteticamente, responsável por certa função, então um indivíduo carecendo daquela porção cerebral poderia ser incapaz de executar a função.

Gardner acredita que cada inteligência reside em uma parte separada do cérebro e que, em consequência disso, certa inteligência poderia ser isolada no estudo de pacientes com dano cerebral. Mais do que isso, para ele, na medida em que uma faculdade particular pode ser destruída ou poupada em decorrência de dano cerebral, seria possível provar a autonomia de uma faculdade humana em relação a outras ou perceber algumas formas pelas quais as inteligências se relacionam na solução de tarefas complexas.

▶ A existência de *idiots savants*, prodígios e outros indivíduos excepcionais

Idiots savants e prodígios são ambos vistos como tendo o funcionamento de alguma área intelectual mais específica excepcionalmente muito desenvolvido em relação ao funcionamento de outras áreas. Subjacente à suposição de que esse alto nível de desenvolvimento representa aumento em uma particular porção do cérebro, a existência de *idiots savants* e prodígios dentro do domínio de dada inteligência poderia fornecer evidências mais intensas para a existência daquela inteligência. Ao mesmo tempo, para Gardner, a ausência seletiva de uma habilidade intelectual pode ser uma prova, por negação, de determinada inteligência, uma vez que pode caracterizar crianças autistas ou jovens com incapacitação de aprendizagem.

▶ Uma operação central ou um conjunto de operações identificáveis

definição ▼

Central, na concepção de Gardner a respeito de uma inteligência, é a existência de uma ou mais operações ou mecanismos de processamento de informações que podem lidar com certos tipos de *input*.

Gardner considera que se pode ir longe a ponto de definir uma inteligência como um mecanismo neural ou um sistema computacional geneticamente programado para ser ativado ou disparado por certos tipos de informação interna ou externamente apresentados. Uma inteligência candidata ao espectro deveria ter seu próprio e distinto conjunto de operações para ser usado no exercício daquela inteligência. A identificação do conjunto completo de operações ou de algumas operações centrais poderia aumentar a plausibilidade da existência de uma das inteligências.

▶ **Uma história desenvolvimental distintiva, aliada a um conjunto definível de desempenhos proficientes de *expert* "estado final"**

Um meio de separar dada inteligência de outra é mostrar um padrão de desenvolvimento que seja distinto com respeito àquela inteligência. Cada inteligência deveria mostrar uma clara trajetória desenvolvimental que permitisse identificar níveis discrepantes de perícia em seu desenvolvimento, variando dos indícios universais pelos quais todo iniciante passa até níveis de competência cada vez mais elevados que possam estar visíveis apenas em indivíduos com talento incomum ou com formas especiais de treinamento.

▶ **História e plausibilidade evolutiva**

A origem de cada inteligência data de milhões de anos atrás. Uma inteligência específica torna-se mais plausível na medida em que seja possível localizar seus antecedentes evolutivos, inclusive capacidades compartilhadas com outros organismos. A plausibilidade de uma inteligência é elevada pela demonstração de seus antecedentes evolucionários e o curso de um desenvolvimento.

▶ **Apoio de tarefas psicológicas experimentais**

Investigações psicológicas experimentais mostrariam a distinção de uma habilidade ou conjunto de processos para outro possível modo de isolar as inteligências. Os estudos de tarefas que interferem ou não umas com as outras – tarefas que se transferem entre diferentes contextos – e a identificação de formas de memória, atenção ou percepção que podem ser inerentes a dado tipo de estímulo podem constituir apoio convincente para alegar que certas competências são ou não manifestações de uma inteligência e investigar a relativa autonomia dessa inteligência em relação às outras. Além disso, a psicologia experimental pode, de acordo com Gardner, ajudar a demonstrar as maneiras como as capacidades específicas a um certo domínio podem interagir com outras na execução de tarefas complexas.

▶ **Apoio de achados psicométricos**

Padrões de intercorrelações e análise fatorial providenciam outro modo de suporte para a Teoria das Inteligências Múltiplas. Gardner acredita que os testes nem sempre medem o que se propõem a medir. Assim, muitos testes envolveriam o uso de mais do que a habilidade pretendida; enquanto uma pessoa realiza um teste, seria possível observar o uso de mais do que a competência que o teste se propõe a medir.

No entender da equipe de Harvard, os testes serviriam para provar que a interpretação dos dados obtidos não é sempre uma questão direta, pois a ênfase em métodos de lápis e papel com frequência exclui o teste adequado para determinadas capacidades, especialmente aquelas que envolvem a manipulação ativa do meio ou a interação com outros indivíduos.

▶ **Suscetibilidade à codificação de um sistema simbólico**

Segundo Gardner, grande parte da representação e da comunicação humana de conhecimento ocorre por meio de sistemas simbólicos.

definição ▼

Para Gardner, sistemas de símbolos são sistemas de significados culturalmente projetados que captam formas importantes de informação e que se tornam importantes para a sobrevivência e a produtividade humana. Seriam sistemas de símbolos a linguagem, a matemática e o desenho.

Cada inteligência deveria ter seu próprio sistema simbólico, por exemplo:

▶ para a inteligência linguística, seria a linguagem;

▶ para a inteligência musical, seria o código das notas; e

▶ para a inteligência lógico-matemática, seria a lógica ou as notações matemáticas.

Do ponto de vista de Gardner, o sistema simbólico se desenvolveria como uma resposta à necessidade de manifestação de cada inteligência separadamente.

Uma vez conhecidos os critérios, o próximo passo a ser dado para inserir a competência pictórica (desenho) como componente do espectro inicialmente proposto por Gardner é tentar mostrar que essa candidata satisfaz a maioria desses critérios e que, portanto, pode compor o espectro.

O CÉREBRO E O DESENHO

Há muito tempo, a ciência registra que o cérebro humano é dividido em dois hemisférios interligados por uma ponte de fibras nervosas, conhecida como corpo caloso. Há cerca de cem anos, os cientistas descobriram que a função da linguagem e de aptidões relacionadas com ela localiza-se principalmente no hemisfério esquerdo, na maioria dos indivíduos.

Sabe-se, também, que o **hemisfério esquerdo** controla as funções do lado direito do corpo e que o **hemisfério direito** controla as funções da metade esquerda do corpo. Isso foi verificado por meio de exames de pacientes com lesões cerebrais; notava-se, por exemplo, que uma lesão no lado esquerdo do cérebro tendia mais a causar a perda da habilidade da fala do que uma lesão igualmente grave no lado direito.

Embora durante um longo tempo os neurologistas tenham acreditado que, por conter a linguagem, o hemisfério esquerdo do cérebro era mais importante e subordinava o hemisfério direito, hoje se sabe que essa concepção é equivocada. Estudos conduzidos na década de 1960 pela equipe de Roger Sperry propiciaram novas informações sobre o corpo caloso e levaram os cientistas a reformular sua opinião quanto às aptidões relativas às duas metades do cérebro humano.

importante >>

Segundo os estudos da equipe de Sperry, ambos os hemisférios são responsáveis pelo funcionamento cognitivo do cérebro, sendo cada metade especializada, de maneira complementar, em diferentes modalidades de manifestação de inteligência, todas altamente complexas. O corpo caloso serve de canal de comunicação intensa entre os dois hemisférios.

Sperry considerava que o ponto principal das descobertas de sua equipe era a aparente existência de duas modalidades de pensamento, **verbal** e **não verbal**, representadas separadamente nos hemisférios esquerdo e direito, respectivamente.

> ▶ O grupo de Sperry examinou pacientes com danos cerebrais leves e graves até concluir que a modalidade de processamento de informações do hemisfério direito é:
>
> ▶ não verbal;
>
> ▶ global;
>
> ▶ rápida;
>
> ▶ configuracional;
>
> ▶ espacial; e
>
> ▶ perceptiva.

"Dados três números naturais a, b e c, se a > b e b > c, então a > c" é um típico enunciado da modalidade do hemisfério esquerdo, a modalidade analítica, verbal, calculadora, sequencial, simbólica, linear e objetiva.

Na modalidade do hemisfério direito, temos outra maneira de "saber". Nessa modalidade, vemos imagens que talvez só existam em nossa cabeça; aos olhos da mente, vemos como as coisas existem no espaço e como as partes se unem para formar o todo. No livro *O cérebro japonês*, o neurocirurgião Raul Marino Junior (1990) afirma que o hemisfério direito da maioria dos indivíduos ocidentais destros abriga as habilidades para a música e para o desenho, comanda a intuição e a destreza física. Usando o hemisfério direito, somos capazes de:

> ▶ compreender metáforas;
>
> ▶ sonhar; e
>
> ▶ criar novas combinações de ideias.

Quando algo é complexo demais para ser descrito verbalmente, podemos lançar mão de gestos comunicativos. Em síntese, é utilizando o lado direito do cérebro que somos capazes de desenhar aquilo que percebemos, logo, a competência pictórica estaria aí localizada.

OS PINTORES: A COMPETÊNCIA PICTÓRICA E SUAS FUNÇÕES CENTRAIS

Betty Edwards, em seu primeiro livro, *Desenhando com o lado direito do cérebro* (1984), declara que o mistério e a magia da capacidade de desenhar parecem ser, ao menos em parte, a capacidade de efetuar uma mudança no estado cerebral na direção de uma modalidade diferente de ver e perceber. Segundo ela, muitos dos grandes artistas afirmaram que veem as coisas de modo diferente enquanto desenham e que, quase sempre, o trabalho de desenhar os coloca num estado de percepção diferente do comum. Nesse estado subjetivo alterado, eles dizem que se sentem transportados, altamente unificados à tarefa que estão executando, capazes de compreender relações que não compreenderiam normalmente.

Para esses artistas, a percepção da passagem do tempo desaparece, as palavras deixam de ter lugar na consciência. Eles se sentem alertas e conscientes, mas relaxados e isentos de ansiedade, experimentando uma atividade mental agradável e "quase mística".

Certa vez, ao pintor Henri Matisse foi questionado se, ao comer um tomate, ele o via de modo diferente, ao que Matisse respondeu: "Não. Quando como um tomate, olho-o como qualquer pessoa o olharia. Mas quando pinto um tomate, vejo-o de maneira diferente" (apud, EDWARDS 1984, p. 14). Ao falar sobre seus trabalhos, o pintor Frederick Franck diz:

> E para realmente ver, ver cada vez mais profundamente, cada vez mais intensamente e, portanto, para estar plenamente consciente e vivo que eu pinto [...] O desenho é a disciplina mediante a qual eu constantemente redescubro o mundo. Aprendi que, quando não desenho uma coisa, não chego a vê-la realmente; e que, quando passo a desenhar uma coisa comum, verifico quão extraordinária ela é, o milagre que ela é. (apud, EDWARDS 1984, p. 15).

Acreditamos que, ao falar dessa forma sobre seus trabalhos, esses artistas estão meramente tornando públicos alguns dos processos de pensamento pelos quais passam cada vez que produzem uma obra. Derdyk (1989) diz que, ao observar um artista em pleno processo de trabalho, podemos perceber que os desenhos são testemunhas da investigação, da experimentação, das dúvidas, das certezas, enfim, da forma de pensar do artista.

importante >>

A produção, a composição de uma obra deve exigir do artista que ele tenha constantemente imagens na cabeça e monitore essas imagens, combinando-as com as percepções que tem do meio físico, como se o pensamento visual exercesse plenamente sua capacidade de tornar visível uma observação.

Ao comentar sobre como realiza seus trabalhos, Matisse (1973, p. 737) afirma: "O criador autêntico não é somente um ser dotado, é um homem que soube ordenar, visando a um determinado fim, todo um conjunto de atividades do qual resulta a obra de arte". Podemos entrever nisso a ideia de que a elaboração de uma obra se inicia no momento em que as imagens que o artista capta e as formas como ele as vê começam a cristalizar-se e ganhar significado.

A imagem fértil para o trabalho do artista pode ser, por assim dizer, o mais simples fragmento, porém, uma vez que a ideia capta a atenção do pintor, sua imaginação pictórica começa a trabalhar sobre ela. A direção em que a ideia será levada demandará criatividade, esforço e a solução de problemas que venham a surgir durante a execução do projeto. Pode ser que um certo traço ou uma tonalidade de cor crie uma imagem que não seja bem adequada, que atenue uma sombra ou descaracterize uma posição. Isso leva o autor a usar suas capacidades de ver, de perceber e de conduzir o pincel ou o lápis na pesquisa da melhor solução final.

Derdyk afirma que o desenho:

- acompanha a rapidez do pensamento;
- responde às urgências expressivas; e
- possui natureza aberta e processual.

Segundo a autora, o desenho é uma atividade perceptiva, e, mesmo que ele se impregne de um objeto muito preciso e definido, a busca da melhor solução final requisitará a natureza essencial da linguagem do desenho, inclusive para pensar melhor.

O pintor Marcello Nitsche, ao falar sobre sua obra *Alegres saudações*, diz: "[...] quis mostrar que a pincelada não é algo impensado, mas que é uma coisa elaborada. Quis explodir a pintura e evidenciar a pincelada num contexto próprio [...]" (apud, MOREIRA 1993, p. 42).

definição

O ato de desenhar exige poder de decisão, e, ao desenhar, o artista se apropria do objeto desenhado, revelando-o. O desenho responde a toda forma de estagnação criativa, deixando que a linha flua entre os sins e os nãos da sociedade. Fonte original de criação e invenção, o desenho é exercício da inteligência humana.

Essa rápida análise da criação e do uso do desenho por parte de pintores parece indicar que central à competência pictórica estaria uma aguçada capacidade de observação e de percepção visual. Como diz Pierre Francastel: o desenho não reproduz as coisas, mas traduz a visão que delas se tem. Assim como o escritor precisa das palavras e o músico do ritmo e do tom, o artista precisa das percepções visuais. Podemos consolidar essa concepção com a seguinte afirmação de Merleau-Ponty:

> O olho é aquilo que foi comovido por um certo impacto do mundo, e que o restitui ao visível pelos traços da mão. Seja qual for a civilização em que se nasça, sejam quais forem as crenças, os motivos, os pensamentos, as cerimônias de que se cerque, desde Lascaux até hoje, impura ou não, figurativa ou não, a pintura e o desenho jamais celebram outro enigma a não ser o da visibilidade. (apud, DERDYK 1989, p. 115).

O DESENVOLVIMENTO DO GRAFISMO

O desenho, em particular o infantil, tem sido objeto de estudo por parte de psicólogos, pedagogos, artistas, educadores. Existem muitas teorias e interpretações a respeito da produção gráfica de crianças, adolescentes e adultos, assim como vários enfoques possíveis quando tal produção é analisada, seja pelo aspecto revelador da natureza emocional e psíquica do sujeito, seja pela análise da linguagem gráfica tomada em seu aspecto puramente formal ou simbólico, seja pela capacidade de o desenho demonstrar o desenvolvimento mental de seu criador.

Podemos observar uma certa regularidade no desenvolvimento do grafismo infantil, o que nos permite acompanhar como a criança vai mudando e aprimorando seus desenhos.

Vygotsky (1984) estudou e observou a evolução do desenho em crianças para afirmar que o desenvolvimento do grafismo não é um processo mecânico ou uma construção individual. Esse pesquisador, ao considerar o desenvolvimento das funções cerebrais humanas, como a fala e o pensamento, ressaltou o papel mediador dos instrumentos e dos signos culturalmente construídos e socialmente partilhados.

Para diferentes pesquisadores da evolução do grafismo, uma parcela do processo é patrimônio universal da inteligência humana; outra parcela corresponde às circunstâncias temporais, culturais e geográficas do curso do desenvolvimento humano. Assim, todas as pessoas, exceto nos casos em que esteja presente alguma anomalia, são capazes de deixar os primeiros traços impressos em alguma superfície e o fazem de modo semelhante, mas os conhecimentos e as habilidades são construídos a partir de relações interpessoais e, posteriormente, internalizados e transformados no nível intrapessoal.

importante >>

A criança aprende a desenhar na interação com outras pessoas e com as coisas do lugar onde vive, e vai internalizar essa habilidade a sua maneira própria. Se houver um talento natural, esse desenvolvimento será mais rápido.

Toda criança pequena desenha; ela faz isso não para dizer algo, mas para sentir o prazer de deixar uma marca. Por volta da idade de 1 ano e meio, a criança inicia a exploração mais sistemática dos objetos, procura imitar o que vê outras pessoas fazendo e, ao mesmo tempo, descobrir o que pode fazer com eles.

Se o objeto é um lápis, ela descobre que pode deixar marcas, fica surpresa e interessada, repete o gesto, vê que as marcas continuam a aparecer. Essa fase é conhecida como **fase dos rabiscos** ou **da garatuja**. Os rabiscos parecem, em princípio, não ter para a criança qualquer significado além de mover um lápis – ou qualquer outro objeto – sobre uma superfície e deixar uma marca, e é pelo prazer desse gesto que ela desenha. Moreira (1993) afirma que esse estágio da garatuja, rabisco incompreensível para o adulto, é um jogo de exercício que a criança repete inúmeras vezes para certificar-se de seu domínio sobre o lápis, o papel e o próprio corpo.

Aos poucos, a criança interage com o meio e, embora não tenha compromisso com representações de qualquer espécie, conquista novos movimentos corporais, percebe que há relação entre seus movimentos e as marcas que deixa no papel, aumenta seu controle da mão. O controle sobre seus rabiscos traz um interesse maior pelo resultado do que realiza, faz a criança misturar a fala ao desenho, e, aos poucos, os gestos vão naturalmente se arredondando. Surgem espirais e caracóis, e ensaios de toda ordem conduzem ao aparecimento do **primeiro círculo fechado**, ou, como diz Vygotsky, aparecem as "**células**".

Ao falar sobre o avanço do traço no desenho das crianças, Derdyk afirma que a capacidade de visualizar, perceber e aceitar a sugestão que o próprio traço lhe dá promove um grande diálogo entre a criança e o acontecimento do papel. Ela sugere que a criança observa e tem a capacidade de reter em sua memória uma grande quantidade de informação visual. Além disso, propõe que há uma intensa operação mental envolvendo a capacidade de:

- associar;
- relacionar;
- combinar;
- identificar;
- sintetizar; e
- nomear.

Para Moreira (1993), o surgimento dos círculos por volta dos 3 anos marca uma etapa bastante importante porque evidencia a descoberta da forma; é o esboço de uma representação que costuma aparecer associada à necessidade de nomear os desenhos. Edwards (1984) afirma que a forma circular é básica e universalmente desenhada por crianças.

Com o aparecimento das "células", a garatuja começa a ganhar nomes e outros sinais, como olhos, pernas, cabelos. Os sinais e nomes variam sempre, mas Moreira defende que a intenção de dizer algo marca o aparecimento da representação.

Nessa fase, a criança não usa a cor de acordo com o real, ela gosta de experimentar cores diferentes. Aos poucos, a criança passa a combinar elementos gráficos para gerar novas configurações que ganharão ares de diagramas, como:

- cruzes;
- retas perpendiculares, diagonais, paralelas;
- quadrados;
- arcos; e
- triângulos.

Essa mudança demonstra uma habilidade quanto ao uso da linha e da memória, na medida em que a criança congrega elementos, compondo-os. É possível, segundo Derdyk, que se constate, nesse momento, uma certa maturidade intelectual para perceber diferenças e semelhanças, generalizar, abstrair e classificar, envolvendo noções mais precisas sobre ideias e objetos.

> **importante** »
>
> O ato de desenhar, que até então era fruto de uma ação e de uma percepção, passa a processar ideias próprias da criança e noções que são captadas por meio de reflexões sobre o que ela pensa do que percebe e observa.

Perto dos 5 anos, muitas crianças estão desenhando **figuras soltas**, isto é, elas desenham figuras que agora já apresentam bastante relação com objetos, animais e pessoas e que são colocadas soltas no papel, como se estivessem voando. Geralmente, as crianças desenham o que lhes é mais significativo em seu cotidiano:

- figuras humanas;
- casas;
- animais;
- elementos da natureza que estão a seu redor.

Nessa fase, começam a aparecer **desenhos tipo "raio X"**. A cor e o tamanho não têm muita relação com o real, estando mais ligados a estados emotivos, mas, por essa época, manifesta-se o desejo do projeto, isto é, a criança começa a desenhar sobre o que imagina, e não apenas sobre o que vê.

É possível perceber, então, que muitas crianças vão abandonando o desenho desordenado para dar lugar à organização das figuras no desenho, surgindo, assim, as cenas. A criança passa a colocar o que fica pousado no chão, como as pessoas, as casas e as árvores, na parte de baixo do papel; na parte de cima, ela coloca o sol, as nuvens, os pássaros. A cor, na maioria das vezes, tem relação com o real e surge uma certa proporção em relação ao tamanho das pessoas e dos objetos. Nessa fase, a linguagem da criança sobre o desenho amplia-se e ela conta histórias sobre seus desenhos.

A próxima mudança significativa no desenho infantil ocorre por volta dos 9 ou 10 anos de idade. Por essa época, as crianças procuram acrescentar mais detalhes a seus desenhos, esperando, assim, atingir maior realismo. De acordo com Edwards, nessa fase, a preocupação com a composição diminui e as formas passam a ser colocadas aleatoriamente na página. A autora afirma, ainda, que a preocupação com a aparência das coisas substitui a preocupação com onde as coisas estão, que marcava a etapa anterior do grafismo. Nesse estágio, há uma grande atração por **desenhos mais sofisticados**, como cartuns, por exemplo.

A partir desse ponto do desenvolvimento, os níveis de competência só poderão estar visíveis em indivíduos com talentos incomuns – caso dos grandes mestres da pintura ou do design – ou com formas especiais de treinamento – desenho projetivo, desenho arquitetônico, desenho técnico. Paradoxalmente, segundo diferentes autores, é na época da adolescência que passamos a ouvir frases do tipo "eu não sei desenhar" ou "eu não gosto de desenhar"; é como se o desenho passasse a revelar uma conduta própria do adulto artista.

Há autores, como Widlöcher, que consideram que o desenho é uma atividade que envelhece com o passar dos anos, revelando ser um tipo de conduta própria da criança pequena ou do adulto artista. Contudo, esta parece ser uma visão isolada e considerada, por assim dizer, estereotipada pela grande maioria dos estudiosos do desenho no desenvolvimento cognitivo do homem.

Sobre isso, Moreira afirma não ver que a perda do desenho esteja apenas ligada ao amadurecimento, pois não considera como natural do desenvolvimento a atrofia de uma linguagem tão viva como é o desenho para a criança. Para ela, muito depressa o desenho-fala se cala, e do desenho-certeza se passa à certeza de não saber desenhar. É muito comum ouvirmos crianças de menos de 10 anos dizerem que não sabem desenhar, e, em pouco tempo, o que era uma certeza, algo comum como brincar ou correr, parece inacessível, próprio de artistas.

importante >>

Moreira atribui a pretensa inaptidão para o desenho à perda, no homem comum, da possibilidade de criar suas próprias manifestações artísticas, devido ao consumo de manifestações artísticas de outros, principalmente por meio da mídia e do que ela chama de "massificação da arte". Para Moreira, a arte passa a ser separada da vida, e não mais manifestação dessa vida, o que faz o homem comum ficar sem a possibilidade de criar seu próprio projeto, de lançar-se para frente. Perde seu desenho, fica sem contorno. Passa a ser massa que consome apenas produção massificada.

Edwards (1984) diz que, no mundo ocidental, a maioria dos adultos não progride na aptidão para o desenho além do desenvolvimento atingido aos 10 anos de idade. Para ela, essa incapacidade, que poderia ser chamada de "dispictoria", deve-se fundamentalmente à supervalorização do verbal em nossa sociedade.

Derdyk (1989) parece concordar com Edwards quando afirma que o sistema educacional geralmente enfatiza fortemente o mundo da palavra. Segundo a autora, dependendo da estratégia utilizada para a aquisição da escrita, existe um esvaziamento da linguagem gráfica como possibilidade expressiva e representativa. Sobre isso, ela ainda acrescenta que a aprendizagem da escrita canaliza a descarga energética da atitude gráfica que o desenho carrega para uma noção regulada de controle técnico na utilização do instrumento, e a manifestação gráfica fica à margem.

O grafismo, para se desenvolver, tanto mobiliza a aquisição técnica e operacional – manejo de instrumentos e materiais – quanto carece de capacidade imaginativa, a aquisição intelectual. De acordo com lavelberg (1995, p. 25), "[...] a criança deseja se apropriar das convenções e, [...] neste patamar conceitual de seu percurso, a mediação cultural se faz necessária, sob pena de seu desenho se empobrecer e se imobilizar frente à ausência de informantes e fontes de informação".

Dessa forma, podemos perceber que, ainda que haja uma evolução cognitiva da competência pictórica pela qual todos os sujeitos passam, a intervenção do adulto e do conhecimento social tem papel fundamental, seja para incrementar o desenvolvimento da competência ou para aniquilá-la. Como afirma lavelberg, a construção e a proposição das convenções dentro do sistema do desenho, assim como a criação do sistema individualizado e a evolução de cada sistema, dependem da possibilidade de **apropriação transformadora** e atualizada à realidade simbólica da criança, das convenções de épocas e de produtores distintos, como base de informação para que **a criança construa sua própria maneira de criar**.

Nesse caso, o papel do adulto, especialmente na escola, seria dar continuidade ao desenvolvimento da competência pictórica, sem juízo de valor e sem a pretensão de formar artistas, porque disso se encarregam os talentos naturais. Devemos considerar que o uso de técnicas de perspectiva, a incorporação das relações espaciais projetivas e euclidianas e o desenvolvimento de processos de desenhos mais arrojados exigem papel atuante da educação, sem, no entanto, esquecer que o desenho não é mera cópia ou reprodução mecânica de um original.

Desenhar é sempre uma interpretação que elabora correspondências, relaciona, simboliza, significa e atribui novas configurações ao original. O desenho traduz uma visão porque traduz um pensamento, revela um conceito, uma apropriação transformadora e atualizada à realidade simbólica de quem o produz.

Ao terminar a apresentação da evolução do grafismo na criança, devemos acrescentar, ainda, que a competência pictórica possui no desenho seu sistema simbólico. O próprio Gardner (1993) afirma que a **linguagem**, a **matemática** e o **desenho** são três dos sistemas simbólicos que se tornaram importantes no mundo inteiro para a sobrevivência e a produtividade humana.

para refletir !!!

No desenho, cada traço, cada cor, cada mancha carrega um valor simbólico, e cada elemento quer dizer alguma coisa compreensível à inteligência.

O DESENHO NA HISTÓRIA DA HUMANIDADE

Tudo o que vemos e vivemos em nossa paisagem cultural, totalmente construída e inventada pelo homem, algum dia foi projetado e organizado por alguém, e certamente o desenho, segundo Derdyk, participou desse projeto social, representando interesses pessoais ou comunitários, inventando formas de representação, de produção ou de consumo. Em diversos lugares de uma cidade – dos riscos anônimos de uma amarelinha, passando pelos grafites e chegando aos sinais de trânsito e outdoors –, percebemos o desenho presente como um desejo natural de registrar marcas, deixar impressas emoções e sinais, enfim, como uma forma de comunicação visual.

Esse desejo de registrar impressões e memórias, essa ânsia por guardar sentimentos e emoções acompanha o homem desde os primórdios de sua vida em sociedade. As cavernas encontradas nos diversos continentes mostram que a preocupação do homem com o desenho é antiga, o que também evidencia a existência da competência pictórica como manifestação da inteligência. Além disso, as pinturas primitivas apontam para o fato de que, ainda que com técnicas primitivas, a beleza e o senso estético, assim como a intenção de representar as próprias observações, já estavam presentes na origem da expressão pictórica.

> **importante** »
>
> As principais fontes de registro dos desenhos primitivos são cavernas encontradas na África, na Europa e na América, o que pode ser uma demonstração de que a competência pictórica compõe a inteligência de modo tão natural quanto a linguagem e de forma independente dela.

O desenho foi a primeira forma de linguagem escrita entre os homens primitivos, e a expressão pictórica associou-se naturalmente, ao longo da evolução humana, a manifestações artísticas de diversas naturezas. Essa evolução do desenho ao longo de milênios, bem como sua relação com elementos culturais importantes – pintura, escrita, ilustração – permeiam hoje inúmeras áreas do conhecimento humano. Como diz André Rebouças: "Seria ocioso demonstrar a indispensabilidade do desenho para artistas, para os operários, para os engenheiros e para todas as profissões conexas. Para esses o desenho vale mais do que a escrita e até mais do que a palavra" (apud, DERDYK, 1989, p. 44).

Com as considerações feitas até aqui, acreditamos ter demonstrado que o desenho satisfaz pelo menos seis dos oito critérios estabelecidos por Gardner para selecionar uma componente do espectro. Gardner afirma que somente aquelas candidatas à inteligência que satisfaçam todos ou uma maioria dos critérios estabelecidos por ele são selecionadas para compor o espectro. Consideramos que esse seja o caso do desenho e, por isso, propomos sua inclusão como a oitava componente no espectro originalmente proposto pelos pesquisadores de Harvard.

Por fim, podemos lembrar que, como já dissemos num outro momento deste capítulo, a inteligência está associada à capacidade de estabelecer e realizar projetos. A palavra **desenho** tem a mesma etimologia da palavra *desígnio*, qual seja, *disegnare*, cujo significado é **plano, projeto, propósito**. Se estabelecemos esse vínculo, podemos aproximar o desenho da noção de projeto, ou seja, quem desenha está, na realidade, idealizando, esboçando ou expressando um projeto.

Seja pelo significado mágico que o desenho teve para o homem primitivo, por seu desenvolvimento para projetos industriais e tecnológicos, por sua aplicação nas artes, na arquitetura, na realidade virtual do computador ou mesmo por sua função de comunicação, o desenho reclama sua autonomia, sua capacidade de abrangência como um meio de comunicação, expressão, conhecimento e manifestação da inteligência.

A RELAÇÃO DA COMPETÊNCIA PICTÓRICA COM OUTRAS COMPONENTES DO ESPECTRO

Há muitas relações que podemos examinar entre a competência pictórica e as demais esferas do intelecto. É possível, por exemplo, estabelecer uma relação com a competência linguística pela importância que alguns psicólogos e educadores dão ao desenho no surgimento da linguagem escrita. Rudolf Steiner (1992), em seu livro *A arte da educação*, defende que uma absoluta exigência de um ensino fundamentado em bases corretas é a de que o aprendizado da escrita seja precedido de uma certa incursão no desenho, de modo que a escrita seja baseada, de certa maneira, a partir dele.

para refletir !!!

A própria história da escrita demonstra uma significativa relação com a competência pictórica. Basta lembrarmos que a escrita egípcia era basicamente pictográfica, isto é, muito dessa escrita era apenas transcrição gráfica de gestos e ações.

Vygotsky e Luria (1988), ao analisar o processo do desenvolvimento da escrita, afirmaram que a escrita infantil percorre etapas antes de atingir sua fase simbólica. Para eles, tais etapas processam-se por caminhos descontínuos, onde formas particulares de linguagem são transformadas em expressões gráficas, primeiramente representadas em forma de desenho.

Vygotsky (1984) considera que um dos pontos importantes no surgimento da linguagem escrita seja o desenho. Segundo ele, o desenho aparece quando a linguagem falada já alcançou grande progresso e já se tornou habitual na criança, e, quando a criança percebe a dificuldade de desenhar todas as palavras, a escrita pictográfica dá lugar à ideográfica, ainda que o desenho nunca venha a ser totalmente substituído pela escrita.

Também é possível vislumbrar relações entre a competência pictórica e a espacial, uma vez que, desenhando, o sujeito amplia e expressa sua percepção da forma e do espaço. Derdyk (1989) diz que o desenho é também uma dança no espaço, uma forma de explorar um espaço novo.

Poderíamos, ainda, falar da relação entre o desenho e as competências inter e intrapessoal. Isso porque o artista desenvolve uma capacidade intensa de se comunicar com as outras pessoas, de entretê-las por muito tempo num "diálogo" por meio de suas obras, de seus desenhos, de suas pinturas.

No entanto, quando sugerimos, a partir das indicações de Machado (1995), a análise da competência pictórica como candidata ao espectro, havia aí a clara intenção de mostrar que tal componente poderia ser o par complementar da competência musical.

▶ O desenho e a música

Apesar das diversas possibilidades de relações com as demais formas de manifestação de competência, a capacidade de representação, a aptidão para o desenho, que aqui chamamos mais genericamente de **inteligência pictórica**, parece-nos estar associada de modo mais natural e complementar à **inteligência musical**, compondo com ela um novo par, uma direção nova e especial no espectro de competências. Sobre isso, Machado (1995, p. 106) afirma: "No âmbito da polarização constituída por tal par têm lugar variadas formas de manifestação artística, cuja subsunção pela dimensão musical considerada isoladamente parece muito menos plausível e bem pouco natural".

Parece que há outros pesquisadores, educadores e músicos que também apontam na direção dessa estreita relação pictórico-musical. Em Steiner (1992, p. 34), encontramos:

> Ora, tudo o que de artístico se apresenta ao ser humano divide-se em duas correntes – a plástico-pictórica e a poético-musical. Estes dois âmbitos artísticos, o plástico-pictórico e o poético-musical, são na realidade polarmente distintos entre si, embora justamente por essa distinção polar possam encontrar-se muito bem numa síntese superior, numa unidade superior.

Essa citação faz parte da terceira conferência de Rudolf Steiner proferida aos professores que comporiam uma das escolas orientadas por ele na Alemanha. Lá, Steiner pretendeu discutir a necessidade de uma formação artística para o ser humano a partir do ensino escolar e indicou os dois principais canais responsáveis por essa formação: o pictórico e o musical. Steiner encaminhou a conferência no sentido de mostrar que não basta uma das duas formas de arte para que haja o desenvolvimento educacional harmônico do indivíduo. Para ele,

> [...] não se deveria esquecer que todo elemento plástico-pictórico trabalha no sentido da individualização dos seres humanos, e que todo elemento poéticomusical, ao con-

trário, fomenta a vida social. Os homens entram em comunhão pelo poético-musical e se individualizam pelo plástico-pictórico. A individualidade é mantida mais pelo plástico-pictórico, e a sociedade mais pela vida e pela trama contidas no musical [...] (STEINER, 1992, p. 40).

Também entre os musicólogos encontramos elementos que poderiam comprovar a estreita relação entre o musical e o pictórico. Nattiez, em um artigo intitulado "Som/Ruído",[5] no qual discute até a criação de um *acustic design*, afirma que a música é constituída por sons, mas também por uma multiplicidade de outras variáveis, inclusive gráficas. Para ele, falar de música a propósito de grafismos de caráter visual cria uma atitude musical no espectador: a do músico capaz de ouvir interiormente uma partitura ao lê-la.

Em outro artigo, no qual analisa o interesse dos autores e compositores pela melodia, Nattiez diz que um período é constituído por vários ritmos formados por segmentos de dois, quatro ou seis compassos, ou de três, cinco ou mais compassos. Um ritmo pode apresentar um desenho melódico mais curto, e os musicólogos impressionam-se muitas vezes com o fato de a linha melódica desenhar contornos, a partir dos quais se pode tentar construir uma tipologia.

para refletir !!!

Os próprios termos utilizados pelos musicólogos estão impregnados de vocábulos que lembram o desenho: o arco, a linha ascendente, a linha descendente, a linha horizontal.

Hofstader, em um criativo livro intitulado Gödel, *Escher, Bach* (1987), desenvolveu uma tríplice analogia entre construções lógico-matemáticas, musicais e pictóricas. A partir dessa obra, é possível perceber uma aproximação tão sugestiva entre os teoremas de Gödel, as fugas de Bach e os desenhos de Escher que se pode pensar em compreender certos fatos matemáticos ouvindo músicas de Bach ou vendo desenhos de Escher, ou, ainda, pensar em "ouvir" um desenho de Escher ou "desenhar" uma fuga de Bach.

Há, também, a possibilidade de perceber a relação de parceria pictórico/musical se voltarmos aos hemisférios cerebrais e aos dois primeiros critérios de seleção de uma inteligência propostos por Gardner. Vimos que, estando mais associado às analogias

---

[5] Nattiez, Jean-Jacques. Tonal/Atonal. In: Enciclopédia Einaudi, vol. 3, pp. 212-329.

e às intuições, o hemisfério direito do cérebro estaria fortemente relacionado com as artes, e, portanto, as componentes musical e pictórica ficariam aí localizadas. O próprio Gardner diz que a maioria das capacidades musicais, inclusive a capacidade central da sensibilidade ao tom, está localizada, na maioria dos indivíduos normais, no hemisfério direito.

Olhando por esse prisma e voltando aos critérios de Gardner, podemos lembrar que, para o autor da teoria em exame, a existência de *idiots savants*, prodígios e outros indivíduos excepcionais servia, ao mesmo tempo, para provar a existência de uma dada inteligência e para examinar sua independência e seus pontos de contato com outras componentes do espectro. Por essa perspectiva, a exploração da relação entre o par musical/pictórico pode denotar análises interessantes no que diz respeito à educação de sujeitos considerados "deficientes", especialmente nos aspectos visual ou auditivo.

A revista Time publicou uma nota com o título *"A Painting Prodigy"* na edição de 27 de junho de 1994. A nota, transcrita a seguir, é relativa a um fato bastante interessante, cujo significado mais profundo ainda pede interpretações mais detalhadas, mas que aponta tanto na direção da legitimidade da inteligência pictórica quanto na explicitação de suas fortes ligações com a inteligência musical.

> Um prodígio na pintura
>
> Seu pai é o celebrado compositor chinês Luo Zhong-Rong, sua mãe é uma cantora e sua irmã é uma pianista, mas Luo Zheng interpreta música por meio da pintura. Luo, 28, tem a capacidade mental de uma criança e pode contar apenas até cinco, entretanto, quando ele empunhou um pincel dois anos atrás, ele mostrou uma surpreendente maturidade como artista. Inspirado nas músicas de seu pai, criou uma pintura abstrata intitulada "Segundo quarteto de cordas de papai", e, em outra tela colorida que pintou, [...] ele lembrou-se de "O rito da primavera", de Stravinsky. Uma coleção de seus trabalhos foi exposta na Academia Central de Artes de Pequim. (p. 59).

Além disso, na história do homem, podemos ter um elemento para reforçar nossa tese da complementariedade pictórico/musical. As descobertas da arqueologia recente mostram que a música e o desenho são ambos muito antigos e nasceram em tempos bem primitivos, provavelmente do desejo de criar e representar rituais, crenças, conquistas. Achados recentes em cavernas de Chauvet, sul da França, trazem, ao mesmo tempo, pinturas rupestres de aproximadamente 20 mil anos atrás e fragmentos de utensílios que os pesquisadores creem ser rudimentos de flautas e outros instrumentos musicais congêneres. A contemporaneidade da origem pode reforçar a parceria.

Uma vez incluída a oitava componente, a inteligência pictórica, e analisada sua parceria com a música, o espectro proposto por Gardner passaria a ser constituído por quatro pares complementares, caracterizando quatro direções especiais:

- a direção linguística/lógico-matemática;
- a direção interpessoal/intrapessoal;
- a direção espacial/corporal-cinestésica; e
- a direção musical/pictórica.

No espectro de competências, estabelecem-se, naturalmente, interações fecundas e significativas entre todos os pares possíveis de competências, constituindo ligações eventualmente muito fortes em uma ou outra pessoa. No entanto, esses quatro pares básicos representam elos complementares e frequentes no universo dos indivíduos em geral.

AS IMPLICAÇÕES EDUCACIONAIS DO MODELO DE GARDNER

A teoria do QI hereditário, especialmente após a apologia dos testes feita por Terman e Yerkes, teve grande influência sobre as questões do ensino escolar. De acordo com uma concepção unidimensional de inteligência, a escola passou a adotar uma visão uniforme de organização e a trabalhar para desenvolver aqueles indivíduos que fossem "realmente inteligentes". Assim, as escolas adotaram um currículo essencial e uma série de fatos que todos deveriam conhecer igualmente.

Aplicados em grande escala no sistema educacional, os testes serviram de base para a classificação de alunos. Aqueles indivíduos que não tinham boas avaliações nos testes escolares foram classificados como atrasados, fracos, lentos, pouco inteligentes, e pouca luta houve por parte da escola contra as causas dos fracassos. Afinal, para que tentar auxiliar a superação de dificuldades em indivíduos que, geneticamente, nasceram pouco ou medianamente inteligentes? Por outro lado, os melhores alunos, aqueles com QI mais alto, estariam predestinados a ter sucesso na vida, ter as melhores carreiras profissionais, ir para as melhores universidades.

Essa perspectiva considera que existe um conjunto básico de competências e um corpo nuclear de conhecimento que todos os indivíduos em nossa sociedade deveriam dominar. Alguns indivíduos são mais capazes do que outros, e espera-se que aqueles dominem esse conhecimento mais rapidamente. As escolas deveriam ser organizadas de maneira que garantissem que os mais talentosos chegassem ao topo e o maior número possível de indivíduos atingisse o conhecimento básico tão eficientemente quanto possível.

Não há dúvida de que, em diferentes momentos, os professores e os pesquisadores da educação perceberam as falhas e as insuficiências de um ensino seletivo, meritocrático, que perdia pelo caminho uma grande quantidade de alunos. Também é inegável que, a partir da percepção do fracasso da escola, pelo alto índice de reprovação e mesmo pelo abandono escolar, educadores de diferentes áreas analisaram os problemas observados e propuseram as soluções mais diversas para tentar solucioná-los.

No entanto, o fato de que, após tantas tentativas, ainda hoje a concepção de educação classificatória seja hegemônica nos impressiona. Falou-se, com justa razão e necessidade, em mudanças metodológicas, em valorização da qualificação profissional do professor, no uso de técnicas e materiais variados, na permissão para o aluno construir seu próprio conhecimento, mas os problemas continuam.

importante >>

Talvez em nenhum outro momento da pesquisa educacional os pesquisadores das universidades tenham produzido tantos e tão relevantes trabalhos sobre o fracasso da escola, mas os problemas continuam, e, mesmo sob pena de ouvir protestos veementes em sentido contrário, sentimos a necessidade de dizer que as mudanças que ocorreram foram tímidas e, democraticamente, em escolas públicas e particulares continua sendo exercida uma educação classificatória.

Mudar o quadro, diminuindo os problemas concernentes à educação, exigirá ainda, em nossa opinião, árduo trabalho por parte de todos os envolvidos no processo educacional, do governo aos cidadãos, passando pelos professores e pesquisadores. Todos têm um papel relevante nesse movimento de mudança. No entanto, parece-nos que um dos aspectos centrais para que uma ruptura real aconteça seja repensar a concepção de inteligência que permeia as ações docentes.

Tomando por base a concepção de inteligências múltiplas, vislumbramos ser possível pensar em uma educação escolar bem diferente dessa que ainda vemos em nossas escolas. A visão pluralista da mente reconhece facetas diversas da cognição e admite que as pessoas têm forças cognitivas diferenciadas e estilos de aprendizagem contrastantes. Uma vez que se reconhece que crianças de diferentes idades ou estágios têm necessidades diferentes, percebem as informações culturais de modo diverso e assimilam noções e conceitos a partir de diferentes estruturas motivacionais e cognitivas, o tipo de projeto educacional que uma escola propõe deve levar em conta esses fatores do desenvolvimento. Gardner (1994, p. 9) afirma:

> Em minha opinião, o propósito da escola deveria ser o de desenvolver as inteligências e ajudar as pessoas a atingirem objetivos de ocupação e diversão adequados ao seu espectro particular de inteligências. As pessoas que são ajudadas a fazer isso, acredito, se sentem mais engajadas e competentes, e, portanto, mais inclinadas a servirem à sociedade de uma maneira construtiva.

Há muitas vantagens, em nossa opinião, em adotar o modelo das inteligências múltiplas como orientador do trabalho docente, conforme descrito a seguir.

▶ A primeira vantagem talvez seja **a assunção do princípio de que nem todas as pessoas têm os mesmos interesses e habilidades, nem todos aprendem da mesma maneira**. A Teoria das Inteligências Múltiplas nos fornece pistas para lidar com tais diferenças, permitindo que, como professores, olhemos para os alunos não apenas com os olhos da razão, mas também com a sensatez da sensibilidade.

▶ O segundo ponto da teoria que tomamos como vantagem para o trabalho com a educação escolar envolve **a crença de que toda criança tem potencial para desenvolver-se intensamente em uma ou várias áreas e o fato de as competências poderem ser observadas nos indivíduos**. Isso permite estabelecer uma interferência da escola no desenvolvimento e na exercitação das competências, ao mesmo tempo que possibilita a verificação dos resultados da prática pedagógica e a reflexão constante sobre sucessos e insucessos no trabalho docente.

▶ Um terceiro ponto é **a mudança no paradigma da avaliação do aluno**. De certo modo, já dissemos que a exteriorização das competências nos permite avaliar as necessidades locais de cada aluno e elaborar estratégias de trabalho diferenciadas pela comparação dessas manifestações externas entre indivíduos. Em razão disso, como diz Machado (1995, p. 298),

> [...] a avaliação educacional nunca deveria ser referida a um único instrumento, nem restrita a um só momento, ou a uma única forma. Constituem instrumentos importantes nos processos de avaliação tanto uma observação contínua, ao longo de um correspondente período escolar, como a concentrada, nos momentos das provas ou exames; tanto os trabalhos realizados individualmente quanto aqueles produzidos em grupo, onde a competência nas relações interpessoais encontra espaço para manifestação; tanto as provas sem consulta, onde a prontidão é necessária, como aquelas que admitem consulta, onde é tão importante saber quanto saber procurar onde certa informação se encontra; e assim por diante. Somente um amplo espectro de múltiplos componentes pode possibilitar canais adequados para a manifestação de múltiplas competências, como são as vislumbradas por Gardner, fornecendo condições para que o professor, como um juiz, analise, provoque, acione, raciocine, emocione-se e profira, enfim, seu veredito.

Uma citação tão longa se justifica por concordarmos que avaliar com diferentes instrumentos permite uma maior clareza do professor para tomar uma posição em relação ao aluno. No entanto, consideramos que a importância dessa forma de avaliar está em o professor poder achar uma rota alternativa para as dificuldades dos alunos. Surgiu uma dificuldade em compreender certa ideia matemática pelas vias da própria matemática? O professor pode tentar auxiliar seu aluno na busca pelo que Gardner chama de **rota secundária**.

importante ≫

A rota secundária, que vem de roteiro, caminho mesmo, seria trilhada, talvez, por meio de uma inteligência que fosse mais forte no aluno: a linguagem, o modelo espacial, a discussão com um amigo ou, inclusive, a dramatização.

Por fim, nosso encantamento com a Teoria das Inteligências Múltiplas surge também da possibilidade de olhar o aluno por inteiro, e não apenas como uma cabeça que se desenvolve linguística e matematicamente. O desafio ao qual nos lançamos agora é elaborar um conjunto de propostas de trabalho relacionadas à matemática que contemple essa possibilidade.

Parece-nos que, quando existe um padrão único e preestabelecido de competência, seja inevitável que muitos alunos acabem se sentindo incompetentes, especialmente porque o padrão de valores supervaloriza o linguístico e o lógico-matemático. Ao ampliar, como professores e cidadãos, nossa visão acerca da relatividade de ser competente e de como esse termo apresenta aspectos diferenciados em cada indivíduo, propiciamos que os alunos realizem com maior sucesso seu potencial intelectual.

para saber +

SMOLE, K. C. S. **A matemática na educação infantil**: a teoria das inteligências múltiplas na prática escolar. Porto Alegre: Penso, 2000.

REFERÊNCIAS

DERDYK, E. *Formas de pensar o desenho: desenvolvimento do grafismo infantil*. São Paulo: Scipione, 1989.

EDWARDS, B. *Desenhando com o lado direito do cérebro*. Rio de Janeiro: Ediouro, 1984.

GARDNER, H. *A criança pré-escolar: como pensa e como a escola pode ensiná-la*. Porto Alegre: Artes Médicas, 1994.

GARDNER, H. *Estruturas da mente: a teoria das inteligências múltiplas*. Porto Alegre: Artes Médicas, 1994.

GARDNER, H. *Multiple intelligences: the theory in practice*. New York: BasicBooks, 1993.

HOFSTADTER, D. R. *Gödel, Escher, Bach: an eternal golden braid*. New York: BasicBooks, 1987.

IAVELBERG, R. O desenho cultivado na criança. In: CAVALCANTI, Z. *Arte na sala de aula*. Porto Alegre: Artes Médicas, 1995. p.3-32.

LÉVY, P. *As tecnologias da inteligência*. Rio de Janeiro: Editora 34, 1993.

MACHADO, N. J. *Epistemologia e didática: as concepções de conhecimento e inteligência e a prática docente*. São Paulo: Cortez, 1995.

MATISSE, H. É preciso olhar a vida inteira com os olhos de criança. *Revista Brasileira de Estudos Pedagógicos*, Brasília, n.132, out./dez., 1973.

MINSKY, M. *A sociedade da mente*. Rio de Janeiro: Francisco Alves, 1989.

MOREIRA, A. A. A. *O espaço do desenho: a educação do educador.* São Paulo: Loyola, 1993.

STEINER, R. *A arte da educação.* São Paulo: Autroposófica, 1992. v. 2

STERNBERG, R. J. *Metaphors of mind: conceptions of the nature of intelligence.* New York: Cambridge University Press, 1990.

VYGOTSKI, L. S. *A formação social da mente.* São Paulo: Martins Fontes, 1984.

Índice

A

Aprendizagem e educação no século XXI, 1-49
    ver Educação e aprendizagem no século XXI

C

Ciclos de vida e de aprendizagem, 99-125
    aprendizagem da pessoa, 115-120
        ciclo básico de, 118
        ciclo de vida básico da, 115, 116f
        ciclo reverso cooperativo de, 119, 120f
    autonomia e holismo, 121
    definição, 100
    ego, 103
        ciclo básico de aprendizagem do, 104, 106f
        ciclo de vida básico do, 102, 103f
        ciclo reverso de aprendizagem do, 110, 111f
            aplicado à perturbação remobilizada, 113f
            quatro estágios de mudança usando o, 115f
egos perturbados, 106
    ciclo de vida, 107f
    culpa e censura, 110f
    papéis compulsivos, 107, 108f
processo cíclico, 101
tipos de aprendizagem, 123
    apresentacional, 124
    experimental, 124
    prática, 124
    proposicional, 124

D

Desenvolvimento humano, teoria biológica do, 51-68
    ver Teoria biológica do desenvolvimento humano

E

Educação e aprendizagem no século XXI, 1-49
    finalidades potenciais

        movimentos sociais, 39
        neoliberalismo, 39
        web 1.0, a web 2.0 e a web 3.0, comparação entre a, 41q
influência da internet, 16
    cenários, 16
    finalidades educacionais, 16
    interação entre seres humanos e computadores, 17q
    novas ferramentas, 16, 17
        20 ferramentas preferidas para a aprendizagem, 19q-20q
        da acessibilidade e da usabilidade à adaptabilidade, 21
        da competição individual à cooperação, 22
        definição, 21
        do e-learning ao m-learning, 21
        tipos básicos de equipes virtuais, 24q
    novas finalidades, 28
        alfabetização digital, 29
    novos cenários, 25
        computador sensível ao contexto, 27
        inteligência ambiental, 27
linhas emergentes e seus desafios, 32
    cenários educacionais prováveis, 37
    educação sem paredes, 37
    ferramentas previsíveis, da web 1.0 à web 3.0, 33
        fase Pontocom, 33
        folksonomia, 35
        mashup, 34
        web 1.0, 33
tecnologia, sociedade e, 2
    características da sociedade da informação, 12
    evolução das modalidades educacionais associadas, 5, 7q-8q
    evolução das tecnologias da informação e da comunicação, 5, 7q
    forças da mudança, 2
    novas formas sociais de natureza virtual, 3f
    sistemas de informação (SI), 9

I

Inteligência como um espectro de competências, 127-179
    análise do espectro, 146
    bestismo, 138
    cérebro e desenho, 158
    competência candidata ao espectro, 153
    desenhar, ato de, 161
    desenho na história da humanidade, 168
    desenvolvimento do grafismo, 162
    eixos e parcerias, 151
    fator geral G de inteligência e a análise fatorial, 134
    Gardner e a teoria das inteligências múltiplas, 139
        capacidade de resolver problemas, 140
        chave da inteligência interpessoal, 144
        competência corporal-cinestésica, 144
        competência musical, 144
        dimensão espacial da inteligência, 144
        dimensão linguística, 143
        dimensão lógico-matemática, 143
        inteligência intrapessoal, 145
    implicações educacionais do modelo de Gardner, 174
    inserção do desenho, 153
    novos paradigmas para a concepção de inteligência, 136
    oito sinais de uma inteligência, 154
        apoio de achados psicométricos, 157
        apoio de tarefas psicológicas experimentais, 156
        existência de *idiots savants*, 155
        existência de outros indivíduos excepcionais, 155
        existência de prodígios, 155
        história desenvolvimental distintiva, 156
        história e plausibilidade evolutiva, 156
        isolamento por dano cerebral, 155
        operação central ou um conjunto de operações identificáveis, 155
        suscetibilidade à codificação de um sistema simbólico, 157
    parcerias e eixos, 151
    pintores, 160
        competência pictórica, 160
        funções centrais, 160
    reciprocidade, 152
    relação da competência pictórica com outras componentes do espectro, 170
        desenho e música, 171
    testismo, 138
    visão psicométrica da inteligência, 128
    westismo, 138

P

Piaget e Vygotsky, 69-97
    bootstrapping (automodificação), 88
    continuidade na história das ideias, 75
    contradições, 77
    descontinuidade na história das ideias, 75
    dialética e explicação psicológica em Vygotsky, 90
    dialética na explicação genética da inspiração Piagetiana, 80
    enfoque metodológico nas ciências, 71
    história das ideias, 71
    oposições, 77

T

Teoria biológica do desenvolvimento humano, 51-68
    modelo bioecológico no modo de descoberta, perspectivas futuras, 65
        proposição VII, 65
        proposição VIII, 66
        proposição IX, 66
    propriedades do modelo bioecológico, definições das, 52
        monitoramento parental, 57
        proposição I, 53
        proposição II, 55
        proposição III, 56
        proposição IV, 60
        proposição V, 60
        proposição VI, 60

V

Vygotsky e Piaget, 69-97
    bootstrapping (automodificação), 88
    continuidade na história das ideias, 75
    contradições, 77
    descontinuidade na história das ideias, 75
    dialética e explicação psicológica em Vygotsky, 90
    dialética na explicação genética da inspiração Piagetiana, 80
    enfoque metodológico nas ciências, 71
    história das ideias, 71
    oposições, 77